モラルの起源

——実験社会科学からの問い

亀田達也
Tatsuya Kameda

岩波新書
1654

はじめに

人文社会科学の危機

二〇一五年の盛夏、札幌で本書の執筆はスタートしました。人文社会科学と呼ばれる学問領域にとって、その夏はひときわ暑いものでした。

いささか乱暴な言い方になりますが、人文社会科学とは、日本では「文系」、つまり「理系」以外のさまざまな分野をひとくくりにした学問領域のことを指しています。

教育学部や文学部を対象に、文系の学問が社会の役に立っていないのではないかという批判が、ここ十数年ほど、政府や産業界を中心に表明されてきました。二〇一三年には、国立大学の機能強化の一環として、文部科学省と各大学が意見交換を行い、それぞれの分野ごとの「強み・特色・社会的役割」が「ミッションの再定義」としてまとめられました。それを踏まえ、ついに二〇一五年六月八日、文部科学大臣から全国の国立大学に対して、速やかな組織改革に努めることを求める公式通知が出されたのです。そのなかには次のような厳しい文言がありました。

特に教員養成系学部・大学院、人文社会科学系学部・大学院については、一八歳人口の減少や人材需要、教育研究水準の確保、国立大学としての役割等を踏まえた組織見直し計画を策定し、組織の廃止や社会的要請の高い分野への転換に積極的に取り組むよう努めることとする。

（「国立大学法人等の組織及び業務全般の見直しについて」）

マスコミの報道などから、ご存知の皆さんも多いかもしれません。文書そのものに関しては、日本学術会議からの意見表明やメディアや産業界からの批判、それを承けた文部科学省の補足など、いくつかの見直しがありました。しかし大局的に見ると、通知に沿った文系の組織再編や改廃は、日本全国で着々と進行しています（二〇一六年三月の時点で、全国の国立大学八六校のうち二六校が、人文社会系学部の統合や学科の再編などを中期計画に掲げています）。

この通達は文系に激震をもたらしました。私もまた文学部に身を置く者の一人として、多くの友人、知人、同僚から、文系縮小の流れに対する怒りや、文系軽視の背景にあるとされる「反知性主義」を嘆く言葉を耳にしています。私自身、同じようなネガティブな感情をもつ反面、正直に言えば、ここ三〇年ほどの間に文学部の学問はずいぶん内向きになり、痩せ細ってしまったな、という素朴な実感をもっていることも否定できません。

本書は、文系がその内向きの傾向や「激痩せ」を脱し、豊満さを取り戻すための道筋——それはあくまで一つの道筋にすぎませんが——を、私が専門とする実験社会科学を出発点に描こうとするチャレンジです。以下では、本書のタイトルである『モラルの起源——実験社会科学からの問い』を絵解きすることで、ここで行いたい作業の構想をスケッチします。

実験社会科学とは？

実験社会科学(experimental social science)という言葉は、読者の皆さんにとって、まったく耳慣れないものでしょう。無理もありません。そのような学問領域は、世界のどこにおいても、いまだに一つの確立したディシプリンとして存在しないからです。

この構想は、「実験社会科学—実験が切り開く二一世紀の社会科学—」(平成一九—二四年度・科学研究費補助金特定領域研究・西條辰義代表)としてスタートしました。経済学、心理学、政治学、生物学など、異なるバックグラウンドをもつ研究者たちが結集し、「実験」という共通の手法を用いて、人間の行動や社会の振る舞いを組織的に検討しようとする共同プロジェクトです。

ここでの「実験」とは、狭い意味での、いわゆるラボ実験だけを指すのではありません。現場でのフィールド実験や調査、コンピュータ・シミュレーションなども広い意味での実験だと考えます。もちろん実験には限界もありますが、これまでの社会科学の各分野が、それぞれの視点からばらばらのアプローチを取っていたのに対して、実験という厳密な共通土俵を自覚的に設けることで、互いの知見や主張に対して妥協のない、「ガチ」の議論をすることが可能になりました(その成果の一端は、『フロンティア実験社会科学』シリーズとして勁草書房から公刊されています)。人文社会科学にとって意味のある問題、共通して大事な問題を、広義の実験を使って検討しようとする作業が実験社会科学であると言えるでしょう。

本書はモラルをめぐる問題に対してこうした構想を適用し、同時に実験社会科学の考え方自体を私なりに鍛えようという試みです。

『猿の惑星』からの問い

『猿の惑星』という映画シリーズがあります。一九六八年の第一作から数えて既に八本の映画が作られているので、ご覧になった方も多いかもしれません。第一作は、地球への帰還を目指し地球時間で二〇〇〇年ほどの眠りについた宇宙飛行士たちが、宇宙船の自動航行装置の故障により漂着した、ある惑星での経験を描いています。

未知の土地への探検に向かった三人の飛行士たちは、まず裸の人間の群れに遭遇します。その直後、馬に乗ったサルが裸の人間をライフルで狩る驚くべき光景を目にするなか、それに巻き込まれた一人は落命、一人は行方不明、気絶した一人は、目を覚ますと、手術台の上でサルの科学者の行う脳科学実験の対象となっていることに気づきます。何とかその危機を逃れた宇宙飛行士は、高度の科学文明を形成しているサルたちが、「自分たちサルは、下等な人間とは隔絶した高等動物である」とする考え方をもっていることを知ります。一二〇〇年前の「聖典」に基づくサル像は猿の惑星で支配的なドグマであり、それ以外の見方は異端とされています。さまざまな事実が次第に明らかになるなか、辺境に逃れた宇宙飛行士は、そこで自由の女神像の残骸を発見し、猿の惑星が実は地球であるという衝撃のラストシーンを迎えることになります。

さて、この映画は、本書の目的にとって幾重にも示唆的です。「私たちの地球」においても、「サルと人間とは隔絶した存在である」とする人間像——どちらの種が「高等」かについては猿の惑星のドグマとは正反対ですが——は、長い間、支配的な考え方となってきました。ここで、次のようなとても乱暴な問いを立ててみましょう。

仮に、現在の地球(私たちの地球)にいるチンパンジーたちが、何らかのきっかけで、人間のもっているのと全く同じレベルの「高い数学能力や言語能力」を獲得したとしましょう。さて、「新チンパンジー」たちは、人類史と同じくらいの長い時を経ると、私たちがいま築いているのと同じような高度の科学文明、あるいはインターネット社会を作るのでしょうか。映画『猿の惑星』は、明らかにそうしたイメージのもとに制作されています。

同じ問いについて表現を少し変えてみます。私たち人間の社会を作るうえで最大の基礎となるのは、数学能力や言語能力などの「極めて高い認知的能力」であり、現在のチンパンジーにそれらの能力が加われば、人間社会と同じような社会が生まれてくるのでしょうか。それとも、それだけでは尽くせない、何かほかの能力や性質が、「人の社会」の成立には必要になるのでしょうか(先回りして言えば、本書で意図しているのは、ヒトとほかの動物種の単純な優劣を論じることではありません。たとえば、チンパンジーが、直観像記憶と呼ばれる、ヒトには到底まねできない高い視覚的な記憶能力をもっていることは、京都大学霊長類研究所の松沢哲郎教授たちの研究から分かっています)。

人はどこまでサルなのか

芸術学や文学、哲学、倫理学を中心とする人文学とは、「人間・人為の所産(arts)を研究の対象とする学問であり、またそれを可能にする人間本性(human nature)を研究する学問」(Wikipedia)であるとされます。なかなか難しい定義ですが、要するに、人文学とは「人が人である所以を研究する学問である」という宣言です。

この宣言からすれば、人文学は、先の問いに対して、「人間社会の成立には認知能力だけでは尽くせない能力や性質が必要だ」という立場をとるでしょう。あるいは、そもそもサルと人を同一の地平に並べて比較する問いかけ自体を、まったく意味のない問いだと一笑に付す見方もあるかもしれません。事実、二〇〇〇年代の半ばに、ある高名な宗教学者は、「現在の人文学の世界は、人をサルの延長として短絡的に捉える者たちの出現により、貧しくなっている」と断じ、「人間のことはサルを研究すれば分かるのか」と反問しました。

しかし、私には、人とサルとの間に隔絶があるとする伝統的な考え方を頑なに取り続ける立場は、今日の人文学の痩せ細った位置を、ますます狭く苦しいものにするように思われてなりません。人文学の美しい言葉を盾に、魅力的なレトリックを矛として、高所から「人間のことはサルを研究すれば分かるのか」と問われれば、私自身、もちろん、それだけでは分からないと答えるでしょう。

けれども、逆に、人間のことはサル(やほかの動物たち)を研究しないでも分かるのでしょうか。人文学の対象である「人が人である所以」、別の言い方をすれば「人間社会」の成立にとって、数学能力や言語能力だけに尽くせない、サルにはない何らかの特性・能力が必要であることを示すためには、「人はどこまでサルであるのか」、そして「どのようにサルではないのか」を検討しなければなりません。人間本性のユニークさを知るためには、同時に、ユニークでない部分を明らかにする必要があり、二つの作業は言わばコインの表裏を構成しています。サルと人間を比較する立場が、「人をサルの延長として短絡的に捉える」ものでは全くないことは明らかです。

ヒトの心、人の社会

本書は、この観点から、人間社会を形づくるうえで重要な基盤となるような特性群、「人の社会を支える人間本性」について、実験社会科学を導きの糸に検討しようとします。

本書では、先に述べた「人間のことはサルを研究しないで分かるのか」という視点に基づき、まず人間のヒトとしての側面を検討します。

ゲノム配列の分析から、霊長目ヒト科の一員であるヒトは、同じくヒト科に属するチンパンジーと九八％以上のDNAを共有していることが明らかにされています。進化の隣人であるチンパンジーだけでなく、群れ生活を営むほかのさまざまな動物たちと比べて、ヒトの認知や行動はどこまでが共通で、どこからがユニークなのかをめぐる問いは、近年の生物学の大きなテーマとなっています。本書では、まず、ヒトの社会行動や心の働きが、ほかの動物たちと比較したときに、どう位置づけられるのかを概観します。ここまでは生物種であるヒトに関わる議論です。

その上で、このような生物学的基礎をもつ「ヒトの心」が、人文社会科学が対象とするような「人の社会」の成り立ちとどう関わるのかを論考します。

人のもつ価値や倫理といった、人文社会科学が数千年にわたって積み重ねてきた人間本性に関わるさまざまな知恵（wisdom）は、自然科学の知識（knowledge）、つまり、脳科学や進化生物学、霊長類学、行動科学などが明らかにしてきた経験的な事実とどう関わるのでしょうか。具体的には、利他性、共感性、正義やモラルといったテーマを中心に、本書では、人文知と自然知が隔絶した互いに無縁のものではなく、豊かな関わり合いをもち得る可能性を、思考実験を適宜交えながら、探ろうとします。

これらの作業を通じて、人文社会系の学問が私たちの生きている現代社会の要請に対して実際に「役に立つ」こと、個々の問題に対してマニュアル的な「答え」を与えるのではなく、より原理的なレベルでの「解」を与える可能性をもっていることを少しでも描けたら、筆者にとって望外の喜びです。

この（無謀な）目論見が、先の文部科学大臣通達に対する、現時点での私なりの「ミッションの再定義」です。

目次

イラスト・川野郁代

第1章　「適応」する心

生物学では、生き物を「適応」のシステムと捉える立場が主流です。生物種としての「ヒト」の心や行動を適応という視点から考えるということは、ヒトの心や行動がヒトが生きる環境に適ったものとして進化してきたのだと捉え、考察していくことに他なりません。

一方、「人間」について考究する人文社会系の諸学では、進化的な観点から人間を考えることに対して、いまだに強い警戒感や嫌悪感が存在することも事実です。たとえば、進化・適応の観点とは、人間の身体的特徴や行動がすべて遺伝子だけで決定されていると考える「遺伝子決定論」と同じだという批判などが代表的なものでしょう。

しかし適応の観点からヒトの心を考えることは、人文社会系の諸学と対立するものではありません。後の章で述べるように、人間の行動や心には文化や社会による違いがあることは明らかです。文化や社会の違いによるモラルや価値の争いを乗り越えることまでが本書の考察の射程に含まれますが、そのためにも進化生物学的な観点から、私たちの心の働きにヒトとしての共通の基盤を見いだそうとすることは、非常に有効なアプローチだと考えます。

第1章では、進化・適応の考え方がヒトの行動や心を理解するうえでどう役立つのか、またヒトの適応にとって基本的な環境とはなにかについて論じます。

1. 生き残りのためのシステムとしてのヒト

自然淘汰と適応

適応(adaptation)という言葉は、ふだんの会話でもよく使われる一方、いろいろと難しい要素を含んだ言葉です。「○○さんは新しい職場にうまく適応している」などの表現からもわかるように、日常的な使い方での中心的な意味は、ある環境でうまくやっている、病気になったりその環境から離脱したりしないで順調にやっているという点にあります。しかし本書で用いる適応の概念は、このような日常的な意味を離れて、生態学や進化生物学の考え方に由来しています。

生態学の講義でよく耳にする表現に、「魚類は水中での生活に適応している」とか、「サボテンは乾燥条件での生育に適応している」という言い方があります。そう言われるとなんとなく納得してしまいますが、生態学者のベゴンらが的確に指摘しているように、実は、この表現だけでは、魚類やサボテンについて生物学的にはほぼ何も説明していないに等しいと言えるでしょう。これらの表現は、単に「魚類は水中で生活できるような特性(形質)をもっている」、「サボテンは水のほとんどない場所で生育することができる特性をもっている」という事実を言っているだけで、その特性がどのような仕組みなのか、どのように獲得されたかについては、それ自体、何も明らかにしていないからです。

ベゴンらの議論を援用すると、それでも「適応」の概念が積極的な意味をもち得るのは、次の理由に尽きます。生態学や進化生物学では、「生物Xは環境Yでの生活に適応している」という表現を、「環境Yが生物Xの祖先種に自然淘汰(natural selection)を及ぼし、特殊化を促すことでその進化を導いた」ということと同義だとします。

「サボテンは水のほとんどない場所で生育することができる特性をもっている」ということで考えてみましょう。水のほとんどない環境では、水分の蒸発を防ぐために夜間に気孔を開いて二酸化炭素を取り入れるCAM型光合成のような特性をもつサボテンの個体は、昼間に気孔を開く個体よりも生き残りやすく、うまく繁殖し、多くの子孫を残します。そのために、環境が変わらなければ、群れにいる個体たちの光合成に関する遺伝的な特性は、次第に

CAM型に収束します。つまり、乾燥した環境がサボテンの祖先種に自然淘汰を及ぼし、CAM型光合成のような特殊化を促して、現在のサボテンへの進化を導いたわけです。

生物学における「適応」とは、このように「自然淘汰に基づく進化的適応」のことであり、環境との関わりによって、生物の側に遺伝的な変化が起きたということを意味します。

もちろん、自然淘汰は、存在しているなかでほかよりも相対的に環境に適合している特性を増やしていくだけですから、環境に最大に、絶対的に適合した「完璧な特性」を備えた個体(スーパーマンのような個体)を生み出すとは限りません。また、環境自体も不断に変動する可能性があるので、現在の集団に広く見られる特性が、現在の環境にもっとも適合しているとは限りません。現在、集団に見られる特性が変動した環境にまだ追いついていない、タイムラグがある可能性もあり得ます。この意味で、集団に変異のある限り、進化的適応は常に進行しています。

歴史・文化という時間軸

ただし、本書で用いる「適応」は、このような生態学や進化生物学の考え方に由来するものの、(少なくとも)人間の場合には、それとは少し異なる意味、あるいは時間的スケールでの適応も考える必要があります。

これまで論じてきた適応は、生物が進化するのに必要な、かなり長い時間をかけて起こるものでした。このようなスケールの時間を「進化時間」と呼びたいと思います。進化時間での適応のほとんどは、遺伝的なプログラムのかたちで、私たちのDNAに書き込まれています。しかし、もっと短い時間スケールで生じ、遺伝子に書き込まれていない適応を考えることができます。たとえば、甘いものへの好みを考えてみましょう。

私自身、つい食後にお菓子に手を伸ばし、娘から「だから太るのよ」という冷たい視線を浴びる経験を繰り返していますが、皆さんの中にも甘い物に目がない、という方は多いでしょう。

糖への強い好みは、進化時間で見ると適応的です。自然界においては、純度の高い炭水化物がめったに得られない貴重な栄養源である以上、糖があればすぐに手を伸ばす個体は、手を伸ばさない個体よりも効率的に栄養を摂取することができ、多くの子孫を残すことができます。この意味で、糖を好むという特性は、「ヒト」(及びその他の生物種)の間で進化的に広く定着していると言えるでしょう。

しかし、このような好みが行き過ぎることは、現代の日本やアメリカなどいくつかの文化圏においては、望ましくないものとされていることも事実です。飽食社会においては糖への嗜好がもたらす肥満はさまざまな疾患を引き起こすのに加え、「愛娘」からの冷ややかな視線に代表される「社会的制裁」の原因にもなります。こうした文化状況で、意志を強くして糖への好みを抑えること、あるいは甘いものを嫌いになることは、健康のみならず就職や異性関係など、個体の成功に関わる重要な問題群（その多くは生き残りにつながります）を解くうえで有利に働きます。

これは、「歴史時間・文化時間」における適応戦略と呼ぶことができます。このタイプの適応は、遺伝子には書き込まれていないものの、文化的な媒体・経路（伝承、教育、宣伝など）を通じて、個体間で学習・模倣され、「人」の社会に定着します。本書では、この「歴史・文化時間」での適応にも着目していきます。

ちなみに、適応については、もうひとつの時間スケールを考えてみることもできます。今度は、私たちがハイキングの途中で遭難しかかったという状況を考えてみましょう。このような緊急時の遭難環境では、ポケットの中にある一片のチョコレートは極めて貴重な資源であり、積極的な摂取は私たちの生存に有利に働きます。つまり、歴史時間・文化時間よりももっと短い生活時間においても、適応ということが考えられます。

こう考えると、私たちの行動には、「三つの時間軸における合理性」が互いに絡みあうかたちで影響を与えていることが分かります。その結果、私たちの心には三つの時間に由来する異なるベクトルが競合することになります。同じ対象(糖など)に接近したい一方で回避したいとも思う「揺れ動く心」をもつことも、これによって説明できるかもしれません。「接近か回避かのジレンマ」は、それぞれの時間スケールにおける生き残り上の有利さを実現しようとするうえで生じている可能性があるということです。

本書では、ヒトとしての一〇万年以上にわたる長い進化時間によって生じた適応と、そのうえに展開された数百年・数千年という歴史・文化時間における人としての適応の両面から、人間の心の働きについて考えていきたいと思います。

適応的視点という発見の道具

ここまで、適応的な視点で生物や人間の行動を考えることの意味について考えてきましたが、そのような視点をとることにはどのような有効性があるのでしょうか。一般にあるシステムのさまざまな特性を研究するうえで、そのシステムが何の役に立っているのかを考えることは、科学的に有効な発見の道具として働きます。

たとえば、一七世紀に活躍した生理学者のハーヴェイは心臓の弁を発見したことで知られていますが、彼がどのようにその発見をなしとげたのか考えてみましょう。ハーヴェイは解剖学者ですが、循環器系を網羅的に調べていて、たまたま弁を発見したわけではありません。ハーヴェイは心臓の目的・機能を考えることから出発しました。もちろんそれは、血液の循環です。そして、「血液を循環させるためには、ポンプと同様、逆流を防ぐ弁が必要なはずだ」という見込みを立て、実際、弁の発見に至ったといいます。

ここでのポイントは、ある器官がそもそも何の目的で存在するか、どのような機能を果たすのかを考えることが、その器官のもつ細部の諸特徴を推論し理解するうえで、決定的に役に立つという点です。身体器官の細部の諸特徴は、器官の機能を実現するために進化的に構築されているはずだ、という着想です。

図 1-1　どんな使われ方をしているか（機能）を考えることが，時計の仕組みを理解する近道

別の例を挙げましょう。たとえば、時計が「時」を測るために設計された機械であることを知らない異星人が、「人々が腕にはめている不思議な物体」について研究するとしましょう。

仮にアナログの腕時計を考えるとすると、腕時計は、文字盤、針、リュウズなどのさまざまな特徴をもちます。もちろん、文字盤の形（丸か四角か）は時計にとって本質的な特徴ではありませんが、時計の機能（「時」を測る）を知らない異星人は、形の分類作業に本腰を入れるかもしれません。これが時計を理解するうえでは徒労に終わるであろうことは、想像に難くありません。より賢い観察者ならば、むしろ、この物体が「どのような場合にどう使われるか」を調べるでしょう。人々はこの物体を就寝中は外すものの朝になると身につけ、駅に向かう途中や人と会う前によく見る、仕事で忙しそうにしている場合ほどよく見る……などのように、使われ方のパターンを組織的に観察することで、この物体の機能についてあたりをつけることができます。そのことが、細部の仕組みを理解するうえでブレークスルーをもたらすでしょう。

人間の社会行動を理解しようとするときにも、同様にその機能や目的を考えること、すなわち適応的視点で考えることが有効であると考えられます。進化時間と歴史・文化時間における、ヒト（人）の多くの社会行動が、個体や血縁者の生き残りのための機能を果たしていると仮定し、そこから行動の具体的な仕組み（行動の諸特徴）を考えていくわけです。

生き残りのシステムとしての人間

しかし一方で、この視点は、重大な誤りを導く可能性も含んでいます。グールドやルウォンティンなどの論者は、まったくの副産物にもっともらしい適応的意味を見いだしてしまうといった危険性を論じ、「適応主義（adaptationism）は何もないところに適応を見つける」と批判しています。

しかし、多くの生物学者は、適応的視点は誤りを生む以上に、科学的な洞察を与えてくれる点で有効である面が大きいと考えています。本書でも、人間の社会行動の特徴を研究し理解するうえで、その行動は具体的に何の機能を果たしているのだろう（どのような意味・場面で適応的なのだろう）と考えることが、検証可能な仮説を導くうえで、有効な科学的発見の道具になると考えます。

最後に、システムということに触れておきましょう。ヒトを含む生物は、まとまりをもった一つのシステムとして機能しています。生物を構成するパーツは、身体的なものであろうと行動的なものであろうと、それぞれに独立して機能しているわけではなく、相互に緊密に関係しながら働いているのです。人間の社会行動はとても複雑で、互いに矛盾するように見える場合さえあります。しかし、全体としての行動は「生き残りのためのシステム」として理解できる、という視点が、本書を通底する基本的立場です。

2. 適応環境としての群れ

では、適応システムとしてのヒトが適応すべき環境とはいったいどんなものなのでしょうか。

群れ生活と脳の進化

もちろん、自然環境への適応はヒトにとっても決定的に重要です。しかし、生物種としてのヒトにとっての最大の適応環境とは、おそらく群れ生活そのものにあると考えられます。自然環境に適応するための手段として群れを選んだ結果、今度は群れの中でどう生き残るかについての新たな適応問題が生じてきたわけです。生物学の教科書を見ればすぐに分かるように、群れを作り群れの中で生きるやり方は、生物にとってただ一つの生き方ではありません。つまり、ヒトの遠い祖先は、進化的な意味で、群れることを「選んだ」ことになります。

群れの生活環境にヒトが高度に適応してきたという主張には、一つの興味深い証拠があり

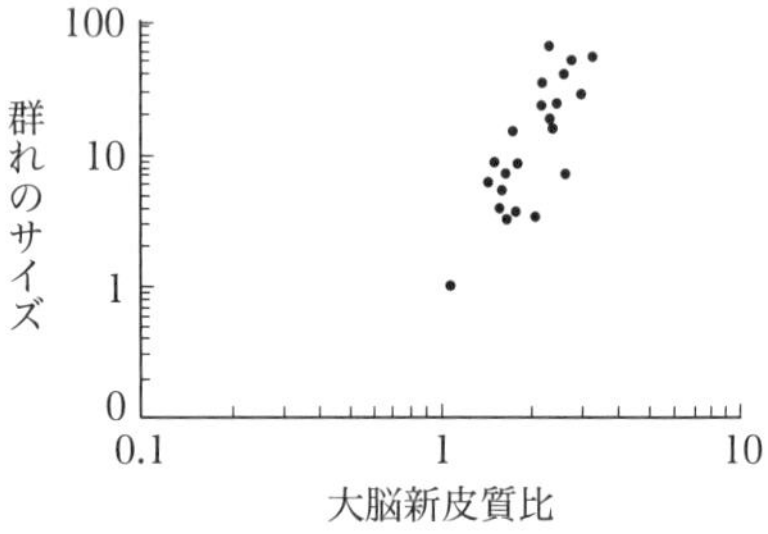

図 1-2　霊長類のさまざまな種における大脳新皮質の容量と群れサイズの関係．横軸は新皮質比（新皮質容量／新皮質以外容量）を，縦軸はその種の平均的な群れサイズを示している（Dunbar, R. I. M., 1992 より一部改変）

ます。

霊長類学者のダンバーは、霊長類（サル・類人猿）の大脳新皮質の大きさを調べていたところ、次のような重大な事実を発見しました。大脳新皮質は、ヒトでは、認知、判断、言語、思考、計画など、いわゆる高次の精神活動が営まれている場所です。ダンバーは、ヒト以外の、サル・類人猿の大脳新皮質の容量と、それぞれの種の平均的な群れのサイズとを比べたところ、図1-2に示すような関係を見いだしました。

図は横軸に新皮質の容量（新皮質以外の容量に対する比）を取り、縦軸にその種で観察される平均的な群れのサイズ（個体数）を取ったものです（いずれも対数目盛）。図から分かるように、大脳新皮質の容量と、その種における群れのサイズとの間には、正の関係が見て取れます。群れサイズの大きい種ほど、大脳新皮質が大きいという関係です。

このことは何を意味するのでしょうか。

ここで留意すべきは、脳という器官は非常に維持コストの高い器官だということです。脳の消費するエネルギーの量はほかの器官と比べてとても大きく、大きな脳をもつことには相当に大きなコストがかかります。ヒト(成人)では、脳が体全体に占める体積は二％程度ですが、消費するエネルギーは全体の二〇％にも上ります。そのような高いコストがかかるにもかかわらず、類人猿がとくに大きな脳を獲得・維持してきた理由は、コストに見合うだけの必要があったからだと考えざるを得ません。そしておそらくその必要とは、群れ(社会集団)の増大に伴う、情報処理量(認知、判断、言語、思考、計画など)の飛躍的な増大だったと考えられます。

群れの中で生きることは、孤独に生きる場合に比べて、はるかに複雑な情報処理能力を生命体に要求します。群れ環境の中では、他者の動向に常に注意を払わねばなりませんし(他者を出し抜こうとしたり、出し抜かれないように見張ったり)、また、よそ者や捕食者に対しては、一致団結して対抗しなければなりません。

ダンバーは図1-2に見出された関係から、ヒトにとっての本来の社会集団(群れ)の大きさは、だいたい一五〇人くらいだろうとの推論を導いています。一五〇人という数字は、たとえば東京の人口（一三五〇万人）を考えると少なすぎる感じがしますが、伝統的な部族社会における氏族（クラン）など、儀礼的な意味で重要な意味をもつ集団の大きさは一五〇人前後だと言われます。さらに、ダンバーは、現代社会においても、認知的なまとまりをもつ集団、一人の行動が集団全体の遂行と直接的に関連する集団（お互いに認識できる範囲での、日常的な相互依存関係の成立している集団）の大きさは、やはり一五〇人前後であると主張します。

マキャヴェリ的知性

一五〇人がヒトの本来の群れサイズかどうかはともかく、進化時間におけるヒトの心の適応には、このような集団での生活形式が重要であることは明らかだと思われます。霊長類学者のバーンらは、大脳新皮質の大きさに関するダンバーの知見をさらに拡張しました。

バーンらは、新皮質の大きさが、個体間で「戦術的なだまし」が見られる頻度とも直線的に関係することを示しました。つまり、平均的集団サイズが同じである場合でも、だましだまされる戦術的行動が個体同士でひんぱんに見られる種ほど大きな新皮質をもっているという知見です。たとえば、バーンは、チンパンジーの巧みな戦術家ぶりを生き生きと報告しています。

バーンはここから、自分と同じくらいの知性をもつ個体が身近に存在し、互いが協力したり競争したりするような社会的事態の複雑さこそが、霊長類の知性の主な起源であると主張します。そして、このような知性のあり方を、一六世紀フィレンツェの外交官で、政治における権謀術数の重要性を訴えた『君主論』の著者マキャヴェリの名を取って、「マキャヴェリ的知性」と名づけています。

バーンの観察のポイントは、集団の中で暮らす生き方こそが、そこでの複雑さにどう適応するかという重大な問題を個体に絶えず突きつける点にあります。群れ生活に伴うまったく新たな適応問題に対処するために、サルや類人猿はマキャヴェリ的知性を含め、さまざまな心理的・行動的メカニズムを獲得している、というのがバーンの主張の骨子です。

ヒトと集団

日常的な経験に照らしてみても、ヒトの暮らしが同じように集団をベースにしていることは明らかです。地域共同体、会社、組織など、私たちの生活はさまざまな集団の中に密接に組み込まれています。会社、組織などの集団はいずれも近代の産物ですが、ヒトの生活がグループに組み込まれている根本的な事実は、太古の昔から基本的に変わりがないようです。

人類学者のキャシュダンは、現生人類が地球上に生息してから九〇％以上の期間において狩猟採集民であったことを踏まえながら、今日の世界に存在するすべての狩猟採集民が、「バンド」と呼ばれる集団の中で生活していることを指摘しています。バンドとは、公的な経済・政治制度を通して人工的に組織された集団ではなく、一〇〇人前後のゆるやかな血縁関係・地縁関係にもとづく自然集団を言います。ダンバーが人間にとっての自然な社会集団の大きさをだいたい一五〇人前後と推定した背景には、バンドのイメージが具体的にあったわけです。

このように、人間生活のもっとも根本的な基盤が集団にあるとすると、ヒトもまた、集団の中でうまくやっていくための心理・行動メカニズムを進化的に獲得しており、そのようなメカニズムこそ、生物種としてのヒトが備えている行動レパートリーの中でも中心的な位置を占めると考えることは、非常に妥当な推論のように思われます。小集団における適応という視点が、ヒトのさまざまな行動を考えていくうえで本質的だと考えられる理由もここにあります。

以上の意味で、「人間の最大の味方は人間であるが、最大の敵も人間である」という言葉は、ヒトの生存形式の本質を捉えた極めて納得のできる言葉なのです。

第2章

昆虫の社会性、ヒトの社会性

第1章では、生き物を適応のためのシステムと捉える視点を紹介しました。そのうえで、ヒトを含む類人猿の脳が、群れ生活(自分と同じくらい賢い同種他個体との駆け引きや複雑なやり取りを中心とする生き方)にうまく対応できるように、進化的に調整されてきたことを論じました。もちろん群れ生活にはさまざまなストレスも伴います。たとえば、アフリカのヒヒの群れでは、序列のトップに位置するオスほど、二位のオスに比べて、ストレスと関連するホルモン(グルココルチコイド)の分泌量が多いという報告があります。自分の地位を確保するためには、たとえ平時であっても、常に群れの力学に細かく気を配らねばならず、トップの座には役得ばかりではなく特有の心労が伴うという、なんだか身につまされるような話です。

第2章では、群れ生活への進化的適応を果たすうえで、生物種としてのヒトの社会行動や心がどのような仕組みになっているのかを考えます。同じく社会性動物とされる昆虫(ハチ)と比べながら、ヒトは、他者の行動や思いに対して極めて「社会的感受性」の強い動物であるという点を中心に検討します。

1. 群れを優先させるハチ

ヒトと昆虫の集団の違い

類人猿の脳は群れ仕様であると述べました。この観点からすれば、私たちには、群れでの生活を可能にするようなさまざまな仕組みが、「社会的な心」として備わっているはずです。

さて、生物種としてのヒトの社会性を考えるうえで、ふつう比較の対象となるのは、ヒト以外の霊長類です。特にチンパンジーやボノボなどの大型類人猿は、進化の系統樹のうえでヒトの隣に位置する近縁種であり、よく研究の対象になります。

しかしここでは、霊長類と並んで極めて社会的な動物とされる、ハチやアリなどの社会性昆虫(social insects)のことを考えてみましょう。ヒトの狩猟採集社会におけるバンドのことを第1章で述べましたが、バンドの血縁関係はゆるやかなものであり、非血縁者をも含みます。このようなヒト集団と違って、ハチやアリは、はるかに強い血縁社会を作っています。強い血縁社会という生態学的な構造は、そこで生きるハチやアリの「社会的知性」のあり方を強く規定しています。

ハチやアリの社会的知性とヒトの社会的知性では、どこまでが共通で、どこからがどのように違うのでしょうか。「集団の意思決定」を題材に考えてみましょう。

昆虫の「集団意思決定」

社会性昆虫が「集団での意思決定」を行うという事実が、近年、生物学や、人工知能の研究を含む情報科学の分野で大きな注目を集めています。

私たちは、会社の会議、いろいろな委員会や裁判員制度、ひいては議会に至るまで、集団での意思決定の仕組みを、人間だけのもつ専売特許のように考えがちです。言語をもつ人間だからこそ、話し合って皆で決めることができるとする見方です。この意味で、言語をもたないハチやアリが集団意思決定を行うという話は、ただの喩え話にすぎないと思われるかもしれません。

しかし、ヒト以外の動物種においても、動物たちの示す特定の身体姿勢や運動のパターン、発声の仕方などが投票や意見表明と同じ機能をもつことが、近年の生物学の研究から明らかにされています。こうしたかたちでのメンバーの「投票」は、多数決などの「集団決定ルール」を通じて、巣場所の選択や移動の開始など、群れ全体での統一的な行動にまとめられます。言語能力はとても重要ではあるものの、集団意思決定を行うための必要条件ではありません。

つまるところ、集団意思決定とは、個々のメンバーの意思（「餌場Aに移動したい」、「この巣からそろそろ別の場所に引越したい」などの意思）を、群れ全体の行動選択にまとめあげる集約の仕組みに過ぎません。この意味での集団意思決定は、人間に固有ではなく、社会性昆虫のほかにも、魚類、鳥類、食肉類、霊長類などにおいてかなり広く認められます。

ミツバチの引越し

具体例として、ミツバチのコロニー（群れ）での巣探し行動について検討します。

私たちが、家族で相談しながら新しい住まいを探したり、担当の部署などが話し合って会社の移転先を探すのと同じように、ミツバチもまたほかの個体と情報を共有しながら、コロニー全体にとっての新しい巣(引越し先)を探します。生物種としてのヒトとミツバチは、進化の系統樹のうえでは遠く離れているものの、集団意思決定場面での行動の組み立て方(仕組み)は、巨視的に見ると驚くほどよく似通っています。しかし、仕組みの細部におけるいくつかの違いが、ミツバチの集団意思決定とヒトの集団意思決定の間で決定的な違いを生み出す可能性があります。

初夏になると、ミツバチのコロニーは分蜂と呼ばれる行動を見せることがあります。コロニーの個体数が増えすぎると、女王は働きバチの三分の二ほどを連れて新しい巣を求めて移動し、娘の新女王が残りの働きバチとともに、元の巣に残留します。巣を離れた一万匹近いハチたちは、近くの木の枝などに仮の宿であるアゴヒゲ状の塊を作り、その中から数百匹のハチたちが、いわば「探索委員会」として新たな巣の候補地を探しに飛び回ります。

これらのハチたちは仮の宿に帰還後、自分が見つけた候補地について、8の字ダンス(waggle dance)によって、ほかの探索委員に情報を伝達します(図2-1参照)。読者の皆さんは、高校の生物の授業で、ミツバチが身体を震わせながら8の字のような動きをし、ダンスの方向と太陽が作る角度によって、蜜のありかや巣の候補地の方向をほかのハチたちに伝えるという話を聞いたことがあるかもしれません。しかし、重要なのは方向だけではありません。このときのダンスの長さと熱心さは、見つけた巣の候補地をそのハチがどの程度良いと知覚したかを反映しています。候補地の質が良いほど、ミツバチのダンスは長く熱心なものになります。８の字ダンスは人間での投票や意見表明に相当するのです。

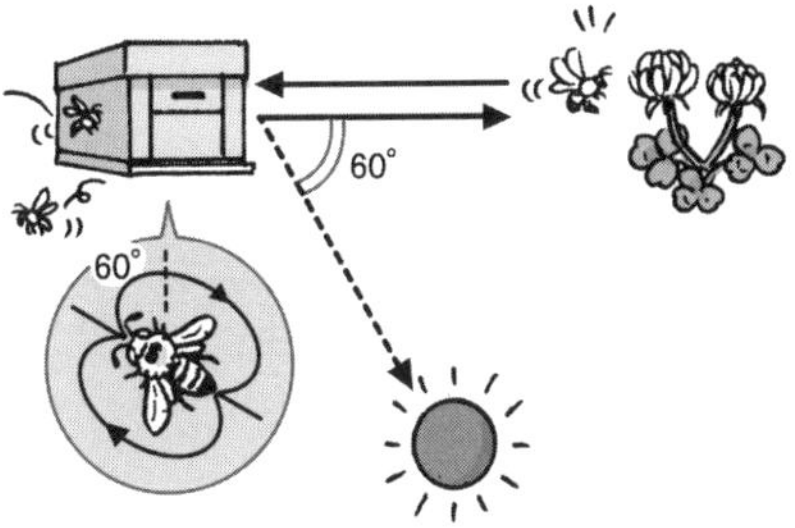

図 2-1　ミツバチは，8 の字ダンスで蜜源や巣場所の情報を伝達する

まだ飛び立っていないハチは、帰還したハチたちのダンスによる「宣伝」を見て自分が探索する方向を決めるので、熱心に宣伝される巣の候補地ほど、多くのハチたちが次に訪問しやすくなります。このように、自分がどこに行くべきかを他のハチたちの宣伝に応じて決める行動の仕組みは、人気が人気を呼ぶ社会的な増幅プロセス（正のフィードバック）を通じて、探索委員会の間に次第に「合意」を生み出します。

そしてその合意がある境界を超えると（すなわち、ある候補地へ訪問したハチの数が閾値を超えると）、アゴヒゲ状の仮の宿に留まっていたコロニー全体が新しい巣に引越しをします。

人間では、たとえば「三分の二以上の賛成による多数決」などといったルールで集団の意思を決定しますが、ミツバチの場合、閾値を超えることがそれに相当するのです。

「集合知」を生むためには

では、実際、この決定は理に適ったものなのでしょうか。

私たちが会社の移転先を検討する場合、いくつもの候補を調べて比較したうえで、自分が最適と思う選択肢への支持を表明するでしょう。しかし、個々のミツバチが探索のために訪れる候補地は、ほとんどの場合にせいぜい一つか二つです。いくつもの巣の候補地を訪れ、比較したうえで自分が最適と考える候補地を選んで宣伝しているわけではないのです。しかもミツバチは、霊長類と比較したらまったく問題にならない、単純で小さい脳(マイクロブレイン)しかもっていません。

しかし驚くべきことに、ミツバチが探索委員会として集団で下す意思決定では、候補の中で客観的にもっとも良い(もっとも質の高い)巣を、非常に高い確率で正しく選択できることを、行動生態学者のシーリーらは、一連の巧妙な実験によって明らかにしています。

ミツバチの巣探し行動には、集合知(collective intelligence)が見られるのです。集合知とは、「三人寄れば文殊の知恵」のように、個体のレベルでは見られない優れた知性が、群れや集団のレベルで新たに生まれる集合現象を意味します。

しかし、多数での意思決定が、必ずしも集合知を生むとは限りません。たとえば、現代社会の人間集団でよく見られる一時的な流行現象のことを考えてみましょう。

優れているとか美味しいという評判につられて、本当はあまり優れていない商品が雪だるま式に売れてしまい、しばらく経って冷静になって振り返ると「あの流行はいったい何だったのか」と不思議に思う、などという例は、決して稀なものではないでしょう。人気が人気を呼ぶ(不人気が不人気を呼ぶ)という仕組みだけでは、集合知は生まれないのです。ミツバチのコロニーでも同様の雪だるま現象が発生し、質の悪い巣が選ばれる可能性がありそうです。

株式市場ではしばしば、自分のもっている情報よりも、ほかの人の行動を情報源として優先して、それがつぎつぎと全体に広がっていく連鎖現象が見られます。このような現象は、経済学で「情報カスケード」と呼ばれ(カスケードとは階段状に連なった滝のことです)、現在いろいろな分野で関心が寄せられています。情報カスケードが生み出す可能性のあるエラーの連鎖を、ミツバチの集団意思決定はどのように防いでいるのでしょうか。

ミツバチは自分の目で評価する

政治学者のリストらによる最近の理論研究から、ミツバチがエラーの連鎖を防ぐメカニズムについて、鋭い洞察が得られています。リストらの研究は、エージェント・シミュレーションと呼ばれる技法を用いています。これは、さまざまな行動の仕組み（アルゴリズム）をもつ行為者（エージェント）をコンピュータの中に作り出し相互作用させることで、どのようなパターンが集団レベルで生まれるかを調べる、コンピュータ・シミュレーションの技法です。

さて、このシミュレーションから、次のような行動の仕組みが、集合知を生み出すことが理論的に明らかになりました。

まず、行為者であるミツバチは、ほかのハチたちの示す行動に「同調」する必要があります。８の字ダンスで帰還したほかのハチたちが熱心に宣伝する巣の候補地ほど、まだ飛び立っていないハチが訪問しやすくなるパターンは、まさにこの同調条件を満たしています。

しかし、集合知が生じるためには、同時にもう一つの条件を満たさなければなりません。

それは、訪れた候補地についての「評価」は、ほかのハチたちの影響を受けずに「完全に独立に行われる」という条件です。つまり、ほかのハチたちの宣伝に影響されて（＝同調して）訪れた候補地であっても、その候補地が巣としてどれだけ良いかに関する評価は、自分の目だけを信じて行うということです。

こうした評価の独立性があれば、ほかのハチに同調してある候補地を訪れても、訪問先の質が良くないと判断した場合、そのハチは帰還後にあまり熱心に宣伝を行いません。8の字ダンスはごく短いものになり、まだ飛び立っていない他のハチたちの目に入る機会も少なくなります。それによって、たまたま生じたエラー（先に飛び立った複数のハチが偶然に良くない場所しか訪れなかったというエラー）が、情報カスケードのように群れ全体に次々に連鎖していくプロセスにストップがかかります。

このように、「行動の同調」と「評価の独立性」をうまく組み合わせた行動の仕組みによって、コロニー全体としての優れた遂行が生まれるようです。このミツバチの行動の仕組みは、次に見るように、ヒトの社会行動の特徴を考えるうえで、非常に重要なポイントになります。

2. 個人を優先させるヒト

ヒトは集合知を生み出せるか

それでは、ヒトのグループは、同じような場面で、ミツバチに負けない集合知を発揮できるのでしょうか。社会学者のサルガニクらが行った「文化市場」に関する大規模なインターネット実験は、とても興味深い知見を提供しています。

文化市場とは、音楽や小説、映画のような文化的作品に関するマーケットのことを指しています。こうした市場でのヒットソング、ベストセラー、ヒット映画は、平均的な作品に比べて数万倍もの売上げになることが知られています。この現象は「スーパースター現象」と呼ばれています。

では、売上げの違いは、作品の間の本質的な違いを反映しているのでしょうか。興味深いことに、さまざまな作品について十分な背景知識や、作品の良さを見抜く目を鍛えているはずの専門家にとっても、どの作品がマーケットでヒットするかを事前に予測することは極めて難しいようです。

サルガニクらは、なぜ売上げの極端な偏りや、予測の困難さが生まれるのかを検討するために、インターネット上に、若者を対象とする音楽ダウンロードサイトを開設しました。サイトには、これまで聞いたことがない、未知のアーティストの未知の曲が多数載っています。サイトを訪れた人は、どの曲を聞くかをアーティストの名前と曲名などをもとに決定し、試聴の結果を星一つから星五つまでの尺度で評定したのち、希望するならば、その曲をダウンロードすることができます（ダウンロードしないこともちろん可能です）。インターネット実験の期間中、全部で一万四〇〇〇人を超える若者がサイトを自主的に訪問しました。

このインターネット実験では、二つのシチュエーションが設定されました。一つめのシチュエーションでは、サイトを訪れた人はほかの人たちの情報はいっさいなしに、自分の耳だけを頼りにどの曲をダウンロードするかについて決定します。これを「個人条件」での実験と呼ぶことにしましょう。もう一つのシチュエーションでは、それぞれの曲のこれまでのダウンロード回数と平均評価が画面に表示されており、ダウンロードするかどうかの決定にあたって、自分の耳に加え、これらの社会情報を参考にすることができます。アマゾンの購買画面などをイメージしてください。これを「社会条件」での実験と呼びます。

この社会条件は、期せずして、ミツバチが巣を探す状況と同じ生態学的構造をもっています(サルガニクはハチとの比較を意図していたわけではありません)。もちろん、ハチがインターネットを使うわけではありませんが、質や良さに違いのある未知の選択肢がいくつもあり、自分よりも前の行為者たちの好みを意思決定にあたって参照することができる、という構造は共通しているのです。

インターネット実験の結果は……

実験の結果は非常に興味深いものでした。

まず、「ダウンロード回数の曲間での偏り」について見てみましょう。これは文化市場での売上げの偏りに相当します。ダウンロード回数の偏りは、個人条件よりも、社会条件で著しく大きいことが観察されました。ヒット曲は他の曲と比べて売上げにおいて圧倒的な成功を収める、というスーパースター現象が、インターネット実験でも再現されたことになります。この結果は、人々がどの曲をダウンロードするかについて、社会情報をもとに、自分より前に実験に参加した人たちの選択をコピーする（人気が人気を呼ぶ）かたちで意思決定を行いやすいことを示しています。

それでは、社会条件で大ヒットした曲は、ほかの曲に比べて、本質的に優れた作品だったのでしょうか。もし大ヒットした曲が「本当に良い物」であるなら、ミツバチと同じく、人気が人気を呼ぶプロセスが集合知を生み出したことになります。

しかしミツバチにとっての巣候補とは異なり、それぞれの曲がどの程度優れた作品かを客観的に定義することは不可能です。そこでサルガニクらは、曲の良さの指標として、個人条件におけるダウンロード回数に注目しました。ほかの人たちの影響を受けずに判断した個人条件で人気だった曲は、相対的に「優れている」と言ってもよいだろうと仮定したわけです。個人条件で人気の曲が社会条件でも大ヒットするようなら、集団での知恵が発揮されたと言えるだろうという議論です。

しかし、結果は期待を裏切るものでした。図2-2に実験の結果を示しました。グラフの点はそれぞれの曲の人気度（ダウンロードされた比率）を表し、文化市場での曲のマーケットシエアに相当します。横軸は個人条件、縦軸は社会条件における人気度を示しています。図から分かるように、曲の人気度は、個人条件と社会条件の間で、ごくゆるやかな相関しかもっていません。サルガニクの言い方を借りれば、「個人条件で人気の曲は社会条件でひどい売上げにはならない。不人気の曲も社会条件で大ヒットしない。しかし、それ以外のいかなる現象も社会条件では起こり得る」という結果でした。これを文化市場での言葉に言い換えると、「本当にすばらしい作品は大コケはしないし、本当にひどい作品が大ヒットするということもないが、それ以外はなんでもあり得る」ということになります（つまり、傑作が平均以下しか売れないこともあるし、凡作が大ヒットすることもあるということです）。実際、個人条件で中くらいの人気だった曲は、社会条件では大ヒットしたり、ひどい売上げになったりと、極めてばらつきの大きいマーケットシェアが観察されまし

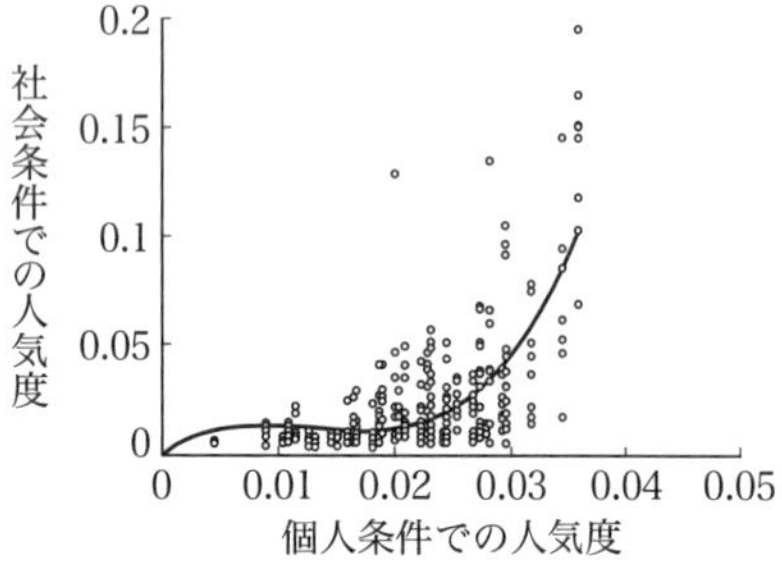

図 2-2　文化市場に関するインターネット実験．個人条件での選択と社会条件での選択にはごくゆるやかな相関しかない（Salganik, M. J. et al., 2006 より一部改変）

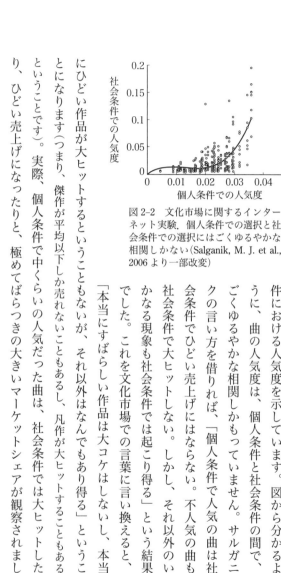

た。この結果は、文化市場でどの作品が大ヒットするか、誰がスーパースターになるかについては専門家でもなかなか予測できないという知見とも合致しています。

ハチとヒトではなにが違うのか

サルガニクの実験の結果は、ヒトのグループが、ミツバチのコロニーで見られるような集合知を、インターネット場面でなかなか発揮できないことを示しています。ヒトとミツバチという、ともにとても社会的な動物でありながら、集団全体としてのマクロな行動になぜこうした違いが生まれるのでしょうか。

巣を探す場面でのミツバチの行動の仕組みを思い出してください。ミツバチは、ほかのハチたちの宣伝に動員されやすい傾向をもっていました。この傾向はヒトでも共通しています。サルガニクらの研究に先立つ古典的な社会心理学の研究からも、ヒトは、まわりの他者の行動に同調しやすいことが示されています。レストランの前に長い列ができていると、自分もつい行ってみたくなる経験はおなじみのものです。

一方ミツバチは、訪れた先の候補地については、ほかのハチたちにいっさい影響されず、自分の目だけによって評価を下します。それではヒトの場合に、評価における独立性をどの程度保つことができるのでしょうか。たとえば、評判のレストランに出かけて「今ひとつ」と思っても、正直な評価を下し、かつそのように振る舞うことを私たちはするでしょうか。

まわりの評価と自分の評価が食い違うとき、ヒトは往々にして、まわりの評価に合わせた行動をしがちです（今ひとつのレストランでも最後まで席を立たず、おまけに「美味しかった」とお世辞を言ってしまったりさえします）。先の理論モデルで述べたように、評価の独立性が保てない場合には、エラーの連鎖にストップがかかりません。「冷静になって振り返ると、あの流行はいったい何だったのか、不思議に思う」現象が生じる所以です。

血縁社会と非血縁社会の判断

ミツバチとヒトの行動の仕組みの違いは、社会の作り方の違いに由来するものと考えられます。

ヒト集団と違って、ハチやアリは非常に強い血縁社会で生きています。血縁社会では全員が遺伝子を密接に共有しているので、進化における自然淘汰は、個体ではなく、主に群れのレベルで働きます（進化生物学で血縁淘汰（kin selection）と呼ばれます）。ハチやアリにとっては、自分の遺伝子を次世代に伝えるためには、たとえ自分が犠牲を払っても、群れ全体が生き残れば、それでよいことになります（そもそも、自分で子供を産まず女王バチを助ける働きバチというあり方は、それでも血縁のハチがたくさん増えることで自分の遺伝子が残せるという理屈で説明されます）。

先に見たように、「行動の同調」と「評価の独立性」という二つの条件が集合知を生む必要条件なら、ミツバチたちは血縁淘汰のプロセスを通じて、次第にこれらの条件を遺伝子の中にセットとして獲得することになります。逆の言い方をすれば、そういう行動の仕組みのセットをもっていないミツバチたちからなるコロニーは、集合知を生み出すことができず、集団レベルでの淘汰がかかり、次第に消えていきます。群れ全体のパフォーマンスを最適化するための部品（パーツ）として働く各個体は、逆説的ですが、それぞれが独立に振る舞う（＝空気を読まない）仕組みを進化的に獲得したのです。

しかし、このロジックは、強い血縁社会を作らないヒトには当てはまりません。先に述べた狩猟採集社会のバンドのように、生物種としてのヒトは基本的に、非血縁者とも一緒に集団で生きるような生活のしかたをしています。そのような生活形態で働く自然淘汰は、群れ全体ではなく、主に「それぞれの個体」を単位に生じます。

したがって、いくら群れレベルで望ましい結果を生むはずの行動でも、当の個人の生き残りに不利になるようなら、その行動は定着しません(この、集団と個人の利益のずれに関しては、次章でくわしく検討します)。したがって、もし「まわりの評価と独立に自分の目だけを信じて判断を下す」ことが、当の個人にとって不利益をもたらす可能性が少しでもあるなら、ヒトは、評価においてまわりに全面的に同調することになります。ヒトは、他者の意図を敏感に察知し、極めて戦略的に反応する「空気を読む」動物なのです。

この点を、童話『裸の王様』の例を使って考えてみましょう。

空気を読むヒト、読まないハチ

アンデルセンの有名な童話『裸の王様』では、悪い仕立て屋にだまされた王様が裸で街を行進します。「愚か者や、地位にふさわしくない者の目には見えない不思議な布地」を注文した王様は、出来上がった布地をもちろん見ることができませんが、家来たちの手前、見えているかのように「服」を羽織って行進します。それを見ている家来も町の人々の誰もが、王様は裸に見えると心の中では思いながら、周囲の沈黙を見て、他の人には服が見えているのだと思い、声を出せません。

自分一人がみんなと違う考えをもっているのではないかと誰もが同時に思い込み、周囲に同調してしまう社会的現象を、社会心理学では、多元的無知(pluralistic ignorance)と呼びます。誰一人信じていない、妥当だとは思っていないことが社会的に実現してしまう。その意味で人々は互いの思いに対して「無知」な状態を作りあっています(実体ではない「世間」に、みんなが合わせて行動している状態です)。そこでは、まわりの沈黙に応じて自分が沈黙を守る行為が、今度は沈黙への圧力を「まわりに対していっそう強化する」社会的な循環プロセスが作動しています。

ここで留意したいのは、いくら社会的に「無知で馬鹿げた」状態が生まれているとは言っても、各個人の立場からすれば、沈黙を続ける行為そのものは合理的(＝適応的)であるということです。まわりが沈黙している社会的現実のもとでは、自分の目だけを信じて思ったとおりのことを正直に口にするのは、「万一、王様が本当に服を着ていたら」という可能性を

図 2–3　裸の王様は，「空気を読む」というヒトの特性のなかから生まれる

考える限り、自分の命を賭けかねない極めて危険な行為です。この有名な童話で、悪循環のプロセスをいとも簡単に打ち破ったのは、一人の子どもの無邪気な発言でした――王様は裸だ！

さて、ここで言う子どもの「無邪気さ」とは何でしょうか。一言で言えば、それは「空気を読ま(め)ない」ことにほかなりません。これに対して、知恵や分別のある大人は、保身のために空気を読みます。ミツバチのように群れレベルではなく、個体レベルで自然淘汰が働くヒトにとって、集合知を生み出す必須条件である評価の独立性を保つことは極めて難しいことになります。

このように、ヒトは、ほかの個体の示すさまざまな行動に極めて鋭敏に反応します。さらには行動だけでなく、他者がどのような状態に置かれているか(福利やステイタスなど)に対しても、共感性や利他性などのプラスの反応、あるいは嫉妬、偏見、差別といったマイナスの反応を示します。次章以降、このような敏感さが、さまざまな適応場面でどのように働くのか、さらに詳しく見ていくことにしましょう。

第3章　「利他性」を支える仕組み

私たちは、ふだんの生活で「協力」という言葉をよく使います。そして、目的に向かってみんなが力を合わせるはずの共同場面で自分だけ手を抜く人物に対し、「あいつは全く協力的じゃない」と非難したりします。協力とは、集団のために、あるいは相手のために「汗」をかく行為です。進化生物学では、協力(cooperation)を「自らの適応度を下げてまで相手の適応度を上げる行動」と定義します。汗は、適応度の低下として捉えられるわけです。

前の章でも見たように、ハチやアリのような社会性昆虫のコロニーでは、自分と同じ巣の仲間は遺伝子を共有する血縁者です。従って、コストを払ってコロニーの仲間を助ける行動は、社会性昆虫にとって十分に意味があります。進化生物学では、この行動が個体と血縁者全体を含む包括適応度(inclusive fitness)を上げると考えます。

一方、非血縁の相手とともに生きねばならない動物たちの社会では、ことはそう簡単ではありません。私たちヒトを含む、強い血縁社会を作らない動物たちは、どのようにしたら互いに助け合う安定した協力関係を作ることができるのでしょうか。

1．二者間の互恵的利他行動

ホッブズの考える自然状態

「どのようにしたら平和な暮らしを実現できるのか」に関する問いは、ギリシャや中国の古典から今日の法・政治哲学に至るまで、人文社会科学のもっとも中心的な問いの一つです。人文社会科学の知恵は、「平和な暮らしを支えるものは、王権、法の支配といった何らかの統治の仕組みや、社会的な規範・道徳である」と論じてきました。一七世紀の政治哲学者ホッブズが『リヴァイアサン』の中で展開した議論はその典型です。

三十年戦争などの悲惨な戦争を長い間、何回も繰り返してきたヨーロッパ中世の歴史を承けて、ホッブズは、人間集団の自然な状態を「闘争状態」だと考えました。自然界に存在する資源が有限である以上、自己保存のために各人が勝手に振る舞うことにより、秩序のない競争が生まれてしまう(自然権の自由な行使による万人の万人に対する闘争状態)。そうした無秩序な混乱や戦争状態を避け、平和で安定した社会を実現するためには、「強力な中央集権の仕組み」が必要になる、とホッブズは考えたのです。

つまり、ホッブズは、平和な暮らしをどのように実現するかという問題への解答として、人々がそれぞれ勝手に振る舞うことをやめ（自然権の放棄）、強力な中央集権の仕組みを自ら進んで受け入れること（「社会契約」の締結）が、「人々自身にとってもっとも合理的な選択」であると論じたわけです。当時の絶対王政の妥当性を支える論拠に、それまでの「王権神授説」に代わる全く新しい政治哲学を打ち出したホッブズの議論はとても画期的であり、またそれゆえに、現代にまで続く多くの論争を巻き起こしました。

動物たちの「自然状態」は闘争状態なのか

ホッブズは、人間の自然状態を動物的なものとして捉えました。それは「弱肉強食」、「血と爪」といった血生臭い凄惨なイメージでした。実際、ホッブズに限らず、私たちは動物たちの世界を、平和な暮らしや協力関係とは程遠いものとして考えてきたのではないでしょうか。しかしそのような「動物的な自然状態」のイメージは、実際の動物たちにどれだけ当てはまるのでしょうか。

南米大陸に、家畜の血を吸って生きるチスイコウモリという小動物が生息しています。チスイコウモリは、昼間は洞窟などで眠り夜になると活動する夜行性の生き物ですが、社会性がよく発達しており、一〇〇個体くらいの群れ(血縁関係のない複数のメスたちを中心とする群れ)を作って生活します。興味深いことに、チスイコウモリの主にメスたちの間で、不運にも獲物にありつけなかった仲間のために、血を吐き戻して分け与える分配行動が一九八〇年代に発見されています。チスイコウモリは代謝が早く、二日続けて血が吸えないと餓死してしまうことが知られています。吸った血を不運な仲間のために分け与える行動パターンは、人間社会における社会保険や互助組合のような役割を果たすことになります。

動物行動学者のカーターらは、このような分配行動の仕組みを厳密に検討するために、二年間にわたる丹念な実験的検討を行いました。彼らは、まずすべてのコウモリ個体のDNAを調べることで個体間での血縁関係について確認しました。そのうえで、チスイコウモリをランダムに一個体ずつ絶食させ、巣に戻したあとに他の個体たちからどの程度の血を分けてもらえるかを調べています。

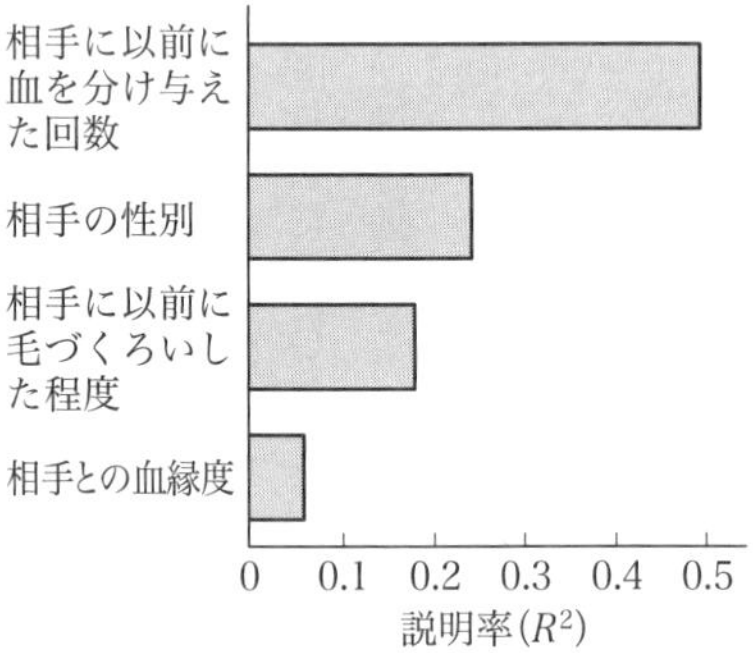

図 3-1　チスイコウモリの分血行為を説明する要因(Carter, G. G., & Wilkinson, G. S., 2013 より一部改変)

図3-1に、実験の結果を示しました。図では、絶食個体が相手からどの程度の血を分けてもらえるかについて、それぞれの要因がどの程度うまく説明できるかを示しています。もっともよく説明するのは、その相手に対して以前にどのくらいの血を分け与えたかという回数でした。相手の性別や、以前に毛づくろいをした程度、血縁度といったほかの要因は、これと比べ説明率の点で劣っています。

つまり、以前ほかの個体に血を分け与えたことのある個体は、血を与えたことのない利己的な個体に比べて、獲物にありつけなかったときに多くの血を分けてもらえます。さらに、コウモリたちの一部は、以前自分に血を分けてくれなかった相手に対して血の分配を積極的に拒む行動さえ見せたのです。「恩には恩を返す」、「仇には仇で報いる」といった、いかにも人間的な「信義に厚い」行動が、チスイコウモリの社会で観察されたわけです。

チスイコウモリの社会に、ホッブズが考えたような強い中央集権の仕組み（絶対王政のような統治機構）はもちろん存在していません。このような行動パターンは、強いリーダーや王権によって上からコントロールされたものではなく、対等な個体同士が相互作用するなかから自然に生まれた「平和状態」（人文社会科学の言葉を使うなら「自生的秩序」）です。

持ちつ持たれつの関係

チスイコウモリにとって、仲間に血を分け与えることは、直近には自分の適応度を下げる行為です。しかし長期的に見ると、「信義に厚い」行動は自分が飢えたときの保険のように働きます。特定の相手と持ちつ持たれつの安定した協力関係を築くことで、チスイコウモリは獲物の血を吸えるかどうかに伴う高いリスクをうまく低減していると言えるでしょう（ファイナンスの言葉を使うなら「リスクヘッジ」をしていることになります）。

もう一つの例として、大型魚と掃除魚の関係を挙げましょう。ホンソメワケベラと呼ばれる魚は、ハタなどの大型魚の口の中に入り、寄生虫を食べます。大型魚にすれば寄生虫の掃除をしてくれるベラの存在はありがたいものの、一方で口に入ったベラをご馳走として直ちに食べてしまうという選択も可能です。しかし、そのような捕食行動はめったに見られません。相手が協力的に振る舞う（ハタの寄生虫を食べる、ベラをご馳走にしない）ことを前提に、互いにとって長期的な利益をもたらす互恵関係が築かれているようです。

互恵的利他主義とは

進化生物学者のトリヴァースは、このような特定の相手との安定した協力関係のことを、互恵的利他主義（reciprocal altruism）と名づけています。「利他」という言葉は、ふつう、相手を無条件で利する行為を意味します（たとえばマザー・テレサのように）。しかし、ここでは「互恵的」という修飾語が付いている点がポイントで、将来の見返りがあることを前提に相手を助ける行為を指しています。双方向的な関係が安定して見込まれる場合に生まれる利他性が互恵的利他主義なのです。

経済学にゲーム理論と呼ばれる研究領域があります。自分と他の人たちとの相互依存関係を「ゲーム」として数学的にモデル化し、どのような振る舞い方をすると利益の点で最適の結果が得られるかを検討する分野です（たとえば「囚人のジレンマゲーム」の話をご存知の読者もいるかもしれません)。

ゲーム理論によれば、同じ相手と繰り返し付き合うことが見込まれる「繰り返しゲーム」においては、「相手が協力的に振る舞う限り自分も協力的に振る舞う」という互恵行動が、自分にとって最適の結果をもたらす場合があることが示されています。チスイコウモリが見せた持ちつ持たれつの血の分配は、この経済学的分析とも合致しています。

平和の基盤としての互恵的利他主義

トリヴァースは、動物たちの社会で、非血縁の相手との協力を生み出す仕組みとして、互恵的利他主義が重要だと主張します。しかし、互恵的利他主義が成立するためには、特定の相手を見分けられる(個体の認識)、相手の取った行動を覚えていられる(記憶)、相手に対して協力するかどうかを自分だけで決められる(行動の自由選択)など、個体がいくつもの能力を備えている必要があります。このような認知的・行動的能力がどれも相当に高い能力であることを考えると、互恵的利他主義が、ヒトや霊長類以外の動物たちの社会で実際にどこまで広く見られるのかについては、さらなる検討が必要でしょう(その一方で、動物たちの群れ生活が「血と爪」のイメージばかりではないことも事実のようです)。

しかし、人間の社会で互恵的利他主義が普遍的に見られ、平和な暮らしを築く重要な基盤となっていることは間違いありません。たとえば、政治学者のアクセルロッドは、第一次世界大戦の時に、最前線の塹壕で向かい合うドイツ軍部隊とフランス軍部隊の間に「殺しも殺されもしない」やり方がよく見られたことを指摘しています。両軍とも積極的に相手を狙って撃とうとはしない協力関係が自発的に生まれ、その結果、向かい合う部隊の間で暗黙の休戦状態が実現したと言います。

しかし、このようなローカルな平和(自生的秩序)を壊したのは、中央司令部による突撃命令と実行への監視でした。相手の協力が安定的・長期的に見込まれる限り自分も協力する互恵的利他主義にとって、直接のプレイヤーではない(現場にいない)中央司令部の上からの介入は、まさに想定外の妨害要因だったわけです。

2．社会的ジレンマと規範・罰

共有地の悲劇

それでは互恵的な行動原理は、同じ二者同士の直接的・反復的なやり取りを超え、「多くの人々を含む相互依存場面」でも有効に働くのでしょうか。

次の例を考えてみましょう。一九世紀の産業革命前後のイギリス農村の話です。農村にはコモンズ(commons)と呼ばれる共有地があり、農民たちはそこに羊などの家畜を放牧して自給自足の足しにしていました。日本の入会地とよく似た制度です。

この制度は長い間うまく機能していましたが、産業革命と資本主義の波が農村に押し寄せるにつれて、次のような問題が急速に浮上してきました。羊毛の産業的な需要の増加によって、これまで自給自足の足しとして使われていた共有地が、商業目的のために大規模に使われるようになったのです。これによって共有地の性質がまったく変わってしまいました。

農民たち一人一人の立場からは、共有地に放牧する自分の羊の数が多ければ多いほど、羊毛の収穫量を増やすことができます。しかし、誰もがそうした行動に従うと、共有地はどんどん消耗して草も生えなくなり、結局は、全員の損失に至る最悪の結果がもたらされます。

このような事情のもと、イギリスの農村では多くの共有地が荒廃の運命をたどりました。生物学者のハーディンはこの問題を、共有地の悲劇(tragedy of the commons)と呼んでいます。

社会的ジレンマの構造

誰もが自由に使える有限の資源をどう管理したらよいのか、森林・河川・大気・海洋など、同様の問題例は今日の世界でも無数に考えつくことができます。むしろ今日の世界でこそ、問題が深刻化していると言えるでしょう。その背景には、産業化・近代化の全地球的拡大、関係者数(プレイヤー数)の急増などの構造的な理由が存在します。パリ協定や京都議定書など、気候変動をめぐる取り組みが難しいのもそのためです。

この問題を深く理解するために、共有地の悲劇の話を拡張して、誰もが規範を守ってほどほどに羊を放牧し、平和に暮らしていた村で、ある日突然ひとりの若者が「掟破り」に転じ、

図 3-2　共有地に現れた「掟破り」をどうするか

共有地に羊を放し放題の行動を始めたというストーリーを考えましょう。

重要なのは、他人を出し抜いて羊をたくさん放牧し、草を食べさせる方が、社会全体のことを考えてあまり放牧しないでいるよりも、短期的な意味では個人にとって有利（＝適応的）だという点です。もちろん、村の誰もが同じように抜け駆けを始めたら、草はあっと言う間になくなってしまい、共有地は消滅の危機に瀕します。

個人の利益と社会全体の利益とが一致しないこのような事態は、一般に、社会的ジレンマ（social dilemma）と呼ばれます。個体にとっての適応が、群れや社会全体にとっての適応と必ずしも完全一致しない社会的ジレンマの構造は、ヒトの社会行動や集合現象をどう説明するべきかについて、重要なヒントを提供します。

自分を犠牲にしても、血縁集団全体の利益を増やすことで、遺伝子を次世代に伝えることができるハチやアリの場合と違って、非血縁者を含む集団では、自然淘汰が個体にかかることを思い出してください。他の人がどう振る舞おうと(放牧を控えようと控えまいと)、個人だけの短期的利益を問題にしたときには、たくさん放牧して食べさせた方が当の個人にとっては常に有利になる以上、ヒトが自らの利益を優先する限り、掟は守られず、平和な村の暮らしは崩壊してしまうように思えます。

「オレもやっちゃえ」では解決しない

チスイコウモリの社会では、互恵的利他主義が自生的秩序を生み出していました。そこで村人たちの一部がチスイコウモリのような互恵的利他主義に従い、「目には目を、歯には歯を」の原理で行動すると考えてみましょう。彼らは、掟破りの非協力(過剰な放牧)に対抗して、自分も非協力に転じて羊をたくさん放し始めます。しかしこの非協力(あいつがやるならオレもやっちゃえ)は、たとえ互恵原理に由来するものであっても、掟破りの勝手な行動とまったく同じく、ほかの「善良」な村人にとっては極めて迷惑な結果をもたらします。

ここでのポイントは、単なる二者関係には収まりきらない、多くの人々を含む村全体での相互依存関係が問題の根底にある点です。

霊長類の大脳新皮質進化の項で論じたように、非血縁者を含む群れ生活において各個体に高度の情報処理能力（大きい脳）が必要となるのは、生き残りをめぐって個体同士が複雑に依存し駆け引きを行うからです。

「相互依存」という言葉は、日常の言い方では、お互いさまとか、助け合う、協力するなどの良い意味で用いられる場合がほとんどです。しかし、本書で問題とする相互依存は、そういうプラスの関係だけに限られません。たとえば、食物や配偶者、住居などの貴重な資源を激しく争いあうなど、各個体のエゴイズムが前面に出やすい場面でも、マイナスの相互依存関係、すなわち、「自分の利益が相手にとっての損失になる相互依存関係」が存在しています。群れ生活をする個体たちは、プラス・マイナスの相互依存関係の網にからめとられていると言えます。

二者関係では有効だった互恵的利他主義が、多数が関係する相互依存関係ではまったくうまくいきません。チスイコウモリの血のやり取りでは、相手の非協力に応じて自分も非協力に転じることが、直接的・限定的に返報される「罰」として相手を「改心」させる効果をもちます。しかし、多くのプレイヤーからなる相互依存関係では、非協力の効果は当の相手だけではなく、善良なほかのプレイヤーたちにも広く及んでしまいます。このため、互恵的利他主義戦略を取る人たちの間で非協力が非協力を生み出す負の連鎖が起き、結局、社会全体が非協力状態に陥ってしまうことになります。

社会規範と罰

それでは、非協力に転じるのではなく、掟破りだけに村人が特別の罰を与えるやり方はどうでしょうか。罰は掟破り限定なので、ピンポイントで非協力行動を悔い改めさせ、規範を守らせる効果をもつはずです。

直感的に考えても、社会的ジレンマを解決するためには、規範や罰の仕組みをしっかり整えることが重要であるように思えます。ここで改めて社会規範について考えてみましょう。

一般に、「〜してはいけない」、「〜であるべきだ」などの、個体間で共有されている信念のことを社会規範（social norm）と呼びます。「目には目を、歯には歯を」といったハードなものから、「損して得取れ」「情けは人のためならず」などの比較的ソフトなものまで、私たちの社会には、相手との等価な行動のやり取りを訴える文化規範が幅広く存在します。規範は人間をほかの動物から区別し特徴づける鍵として、人文社会科学にとってもっとも重要な概念の一つです（規範を論じることは「文系」の最中心のミッションだと言っても過言ではないでしょう）。こうした文化規範は、非血縁の相手との互恵的利他主義という進化的適応をベースに、それぞれの歴史の中でさらに展開され、積極的な社会価値として、世代を超えて脈々と伝達されています。

私たちの社会では、人々のあいだの規範は、ときどき破られたりすることはあるものの、明確に存在し、機能しています。これは一見するとごく当たり前のことのように思えますが、どのような条件で規範がうまく働くのか、そのロジックを改めて注意深く考えてみましょう。いささか複雑な議論ですが、お付き合いください。

規範を守る主体は社会ではない

規範がなぜ成立するのかについての一つの説明の仕方としては、「規範の存在が社会の存続にとって役に立っているから」という言い方があります。社会規範はヒトという種の存続にとって適応的だから存在する、と言い換えることも可能です。このタイプの説明は、社会

図 3–3　群集は「まとまった行為主体」か？（ウクライナの首都キエフでの反政府デモ，2014 年 2 月，photo by Amaku-ha）

学などで機能主義（functionalism）と呼ばれます。ごく単純化して言えば、社会の中にある制度や構造は当の社会の安定や存続にとって機能を果たしている、だから存在する、と考える議論です。しかし、よく考えてみると、この議論には少し変なところがあると思いませんか？

革命や騒乱など激動の時代だった二〇世紀の初頭に、暴動や群集行動などの集団現象を説明するため、「集合心」、「集団心」などの概念が提唱されたことがあります。人間の集合行動において、ふだんの個人の行動からはとても考えられない過激な社会現象が生まれることを説明するために、個人を超えた、マクロレベル（群集レベル）で働く「心」の存在が仮定されたわけです。人々は集合心に支配され、個人の独立性を失い盲目的に突き動かされている、といったイメージです（図 3–3）。

このように、集団や社会のレベルのマクロな現象(規範もその一つです)を説明する際に、マクロな単位(集団、社会)をそのまま説明の単位に用いるのは、私たち自身、日常場面でよく行う説明の仕方です。たとえば、「学校がいじめを生み出した」「海外展開は組織の意思だ」などの表現を私たちはよく使います。社会科学においても、「グループは、自らのメカニズムに依拠して自己の構造を変化させる、自己組織的なシステムである」などの表現が見られます。

組織が意思をもつ、群集が心をもつといった言説は、マクロな社会現象(たとえば、集団ヒステリーなど)を記述するための喩えやレトリックには適しているかもしれません。しかし、それを「説明」するための科学的概念としては不十分だと考えざるを得ないようです。

その理由は、ハチやアリなどの社会性昆虫と違って、ヒトの集団や社会は、少なくとも個人と同じ程度には、それ自体のまとまりや持続的な意思をもち得ないからです(たとえば、学校は、行為者としてまとまった「一つの意思」をもち、いじめを生み出せるでしょうか?)。ヒトの集団や社会は、進化的に考えて、一枚岩の存在ではあり得ません。個人もたくさんの細胞から構成されていますが、集団や社会に比べればはるかに一枚岩のシステムです。社会心理学者オルポートは、この意味で、集団心や集合心などの概念を強く批判しました。オルポートは、集団心・集合心などの概念は、「集団を一つのまとまりや心をもつ実体と捉えた、誤った概念設定である」と批判し、そうした論理的誤りのことを集団錯誤(group fallacy)と名付けています。

同じように、もし社会規範についての説明が、「ヒトの社会が、自らの存続に役に立つ社会規範を維持している」ことを少しでも意味するなら、それはヒト社会を主体・実体として見る集団錯誤の議論になります。個体が規範に従うかどうかの意思決定はできても、社会が「行為主体として自ら」規範を維持したり破棄したりすることはできないからです。人々が規範に従うかどうかは、社会が決めるのではなく、各人の意思決定の問題なのです。

高次のジレンマ問題

では各人にどうやって規範を守らせたらよいのでしょうか。第一に社会教育によって規範を個人に浸透させること、そのうえで警察や法などの有効な制裁装置を作り出すことが考えられるでしょう。社会教育はもちろん重要で有効な方法ですが、掟破りが生まれてくるのを完全に防ぐことはできません。とすると、どうしても社会的な制裁(sanction)装置を欠かすことはできません。

それでは、制裁装置をどうやって維持すればよいのでしょうか。たとえば、村の共有地に抜け駆けをして過剰放牧をした掟破りに特別の罰を与える、先ほどのやり方を考えてみましょう。この制裁方法は一見するとうまくいきそうに思えます。しかし、ここでの問題は、抜け駆けをした者にわざわざ罰を与えるのには、自分にコストがかかる点です。たとえば、個人で罰を与えようと試み、掟破りに返り討ちされる可能性を考えてみてください。ならば抜け駆けをした者に怒りは覚えても、自分は罰を与える労をとらず、誰か他の人が罰を与えるのを待つことにならないでしょうか。掟破りに罰を与えるか、与えない(見て見ぬふりをする)かの選択についても、共有地にたくさん放牧するか、控え目にするかというそもそもの選択と、構造的にはまったく同じ社会的ジレンマが存在することになります。

一方、自警団や警察に取り締まってもらえばよいとする議論に対しては、それを維持するコストを払うか、払わないかをめぐる同型のジレンマが存在します。さらに「見て見ぬふりをする村人を個人的に罰する」というもう一段上の解決策も考えられますが、罰を与えることにはやはり同じようにコストがかかります。

こう考えると、どこまでさかのぼってもジレンマから簡単に抜け出せないことは明らかです。こうした無限にさかのぼる「高次のジレンマ問題」を世界で最初に実験で取り上げたのは、北海道大学の山岸俊男教授でした。この根本的な問題は、モノやサービスに対してコストを支払わずその利益だけを享受する、ただ乗り問題(free-rider problem)と呼ばれ、社会的なシステムをどのように設計するかを考えるうえで重要な鍵を握ります。

結局、特別の罰を与える方法があっても、経済的合理性の観点から誰もそのコストを引き受けようとしないなら、事実上、「社会的に罰は存在しない」ことと同じになります。もし、人間が個人利益の最大化を図ることを前提にするのであれば、「誰も罰しない」ことを冷徹に読み切った村のずる賢い掟破りは、堂々と掟を破り、ただ乗りを続けるはずです。しかし、実際の私たちの社会では、制裁は機能し、規範は維持されているように思えます。いったい、これはなぜなのでしょうか。

「公共財ゲーム」実験

行動経済学者のフェアとゲヒターは、この点を検証するために、人間を対象とするシンプルな実験を行いました。実験参加者は毎回四人で一組となり、公共財ゲーム(public goods game)を行いました。

公共財ゲーム実験について説明します。正確な手続きはフェアらの実験と異なりますが、例示のため、それぞれの参加者は毎回、二〇円の元手を与えられるとしましょう。各参加者は、その中のX円(〇~二〇円の好きな額)を公共財(村の共有地のように誰もが使える公共の資源)に自由に提供することができます。公共財として提供したX円は、実験者の手で二倍に増やされたうえで、四人に等しく(すなわち提供したかどうかにかかわらずX円の半額ずつ全員均等に)分け与えられます。

実験では、参加者はコンピュータを使って他の参加者と相互作用するので、相手については何の情報もない完全な匿名状況になっています。また、公共財にいくら提供するかは、相談なしで、それぞれの参加者が独立に決めねばなりません。

さて、このゲームではどのように振る舞うことが得になるでしょうか。もし四人全員が手持ちの二〇円すべてを公共財に提供するなら、公共財の総額は八〇円の二倍の一六〇円にな

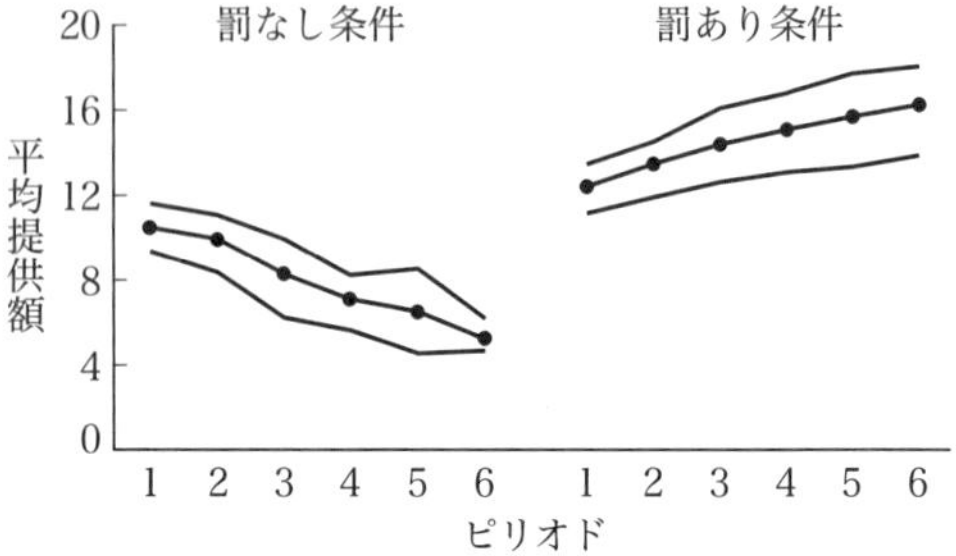

図 3-4　公共財ゲーム実験で提供された金額. 罰がある条件では提供額が跳ね上がる(Fehr, E., & Gächter, S., 2002 より一部改変)

るので、一人あたり四〇円の手取りが戻ってきます。一方、誰も全く提供しないなら、一人あたりの手取りは二〇円のままです。四人全員が提供する場合の手取り(四〇円)のほうが誰も提供しない場合の手取り(二〇円)を上回るので、公共財供給への協力は確かに集団全体を豊かにします。

しかし、各プレイヤーの目から見るとどうでしょうか。自分の提供した額に対して直接に戻ってくるのは常にその半額だけです。つまり、他の人がどうするかに関わりなく、自分が公共財に元手の一部を提供することは、直近には自分の個人利益を下げてしまう損な投資になります。しかも、自分が提供しようとしまいと、他の人が提供した分については等しく公共財として分け与えられるので、自分は提供せず、他の人からの見返りだけ受けとる「ただ乗り」の誘因が存在しています。すなわち、この実験も、個人の利益と社会の利益が一致しない、社会的ジレンマの構造になっているのです。したがって、もし誰もが自分の利益を優先して合理的に振る舞うなら、結局誰も公共財供給に協力しないという予測が導かれます。

では、実験ではどのような結果が得られたのでしょうか。図３-４の左の折れ線（罰なし条件）を見てください。横軸は実験の時間進行（ピリオド）を、縦軸は公共財への平均提供額を示しています。図から分かるように、参加者の協力レベル（提供額）は、実験が進むにつれてどんどん小さくなっています。先ほどの予測と合致する結果です。

罰は「はったり」ではない

しかし、フェアらは、ここで別の条件（罰あり条件）を導入しました。この条件では、公共財への提供額を四人がそれぞれ決めた後、参加者は各人の提供額を知らされます。そしてもし望むなら特定の誰かを指名し、相手の手取りから一定の金額を差し引くことができるという、第二段階が追加されました。先に述べた掟破りだけにピンポイントに特別の罰を与える機会が存在するわけです。ただし、罰を与えるのは無料ではなく、自分の手取りからコストY円を負担しなければなりません。そしてY円を負担すれば、罰を与える相手からはその二倍の額が罰金として差し引かれますが、罰金は実験者に戻され、罰を下した人の取り分になるわけではありません。

図3-4の右に、罰あり条件での協力レベルを示しました。罰なし条件の最後のピリオドでは平均六円くらいまで落ち込んだ公共財への提供額が、罰ありを導入したところ、最初のピリオドから、いきなり倍の一二円に跳ね上がったことが分かります。これは何を意味するのでしょうか。第一ピリオドではまだ誰に対しても罰は与えられていません。つまり、単に「罰の機会がある」と予告されただけで、参加者の公共財供給への協力は急増したのです。しかも、参加者の協力レベルは、罰なし条件とはまったく違って、実験が進むにつれてむしろ増大しています。以上の結果は、参加者が特別の罰の機会を「はったりではない」と考えたことを示しています。

それでは、実際に罰はどのくらい実行されていたのでしょうか。フェアらの罰あり条件では、参加者の八四%が少なくとも一回は罰を行使しました(五回以上罰を与えた参加者も三四%を数えました)。「罰ははったりではない」と考えた参加者の直感は、正しかったことになります。

見返りがなくても罰したい

もちろん、この実験では、非協力者に罰を与えることは、相手を改心させることを通じて、結局は参加者自身の利益として返ってきます。罰を与える行為は短期的には損でも、長い目で見れば自分の利益につながる行為なのです。このように長期的な自己利益につながる罰行動は、ヒト以外の哺乳類でも観察されています。

その点を考慮して、フェアらは後続の実験で、参加者が「第三者の立場」に置かれる状況を作りました。参加者はゲームのプレイヤーではなく、自分の利益とは無関係のほかの人たちの決定を見ているだけの立場ですが、判定者として、もし望むならプレイヤーの誰かを指名し、その手取りから一定の金額を差し引くことができます。ただし、罰のコストを個人負担し非協力者を改心させても、自分がゲームをプレイしない以上、自分自身の利益に返ってくることは全くあり得ません。しかし、実験の結果は、この第三者罰(third-party punishment)状況ですら、コストを払って非協力者にわざわざ罰を与える人たちが少なからず存在することを示していました。

なお、後続の比較文化実験から、非協力者に罰を与える程度や範囲についてはかなりの文化差・社会差が見られることが分かっています。罰を支える心理プロセス自体はヒトに普遍的な、進化的基盤をもつものの、それが行動としてどのくらい発現するかは文化や社会構造の違いを反映すると考えられます。この点については、正義をめぐる問題として第5章でさらに検討します。

規範を維持する「他人の目」

こう考えると、中期旧石器時代の儀式的な埋葬など、(歴史・文化時間以前の)進化時間のスケールにおいて既に規範の萌芽が見られるという、ヒトに特徴的な生物学的事実の背景の一つには、規範に対して極めて敏感なヒトの心の性質があるのかもしれません。社会規範に対して敏感であれば違反はそもそも起こりにくいし、違反がない以上、罰を与えるコストもほとんど必要になりません(ただし罰の仕組み自体は、抜かなくても威光を放つ「伝家の宝刀」として必要です)。したがって、無限にさかのぼる高次のジレンマ問題に陥ることなく、事実として規範は維持されやすいことになります。

この着想は、第2章で論じた、ヒトの高度の社会的感受性の話と直接に関係します。『裸の王様』では、無邪気な子どもさえいなければ、「世間」に極めて敏感な大人たちにより、「王様の権威」やホッブズ的な社会秩序は順調に保たれていたはずです。

このポイントを例証するおもしろい実験が、近年報告されています。一定金額を自主的に回収ボックスに納めればコーヒーを自由に飲むことのできるシステムが、日本の職場でもよく見られます。これはコーヒーやミルク代の自主的な提供によって成り立っているので、ただ乗りをする者がグループに拡がれば崩壊してしまいます。一方、わざわざ代金回収のために見張りを立てておくのは、コストが大きすぎてまったく非現実的なやり方です。

動物行動学者のベイトソンらは、この社会的ジレンマが、人の目の写真をコーヒールームに貼っておくだけの極めて単純なやり方でほぼ解消できることを示しました。実験では、コーヒールームに貼る写真を、人の目の週、きれいな花の週のように、一週ごとに変化させ、人々の行動がどのように影響されるかを検討しました（図３-５）。

さて結果は、代金の回収率はコーヒールームに花の写真を貼った週と比べ、目の写真を貼

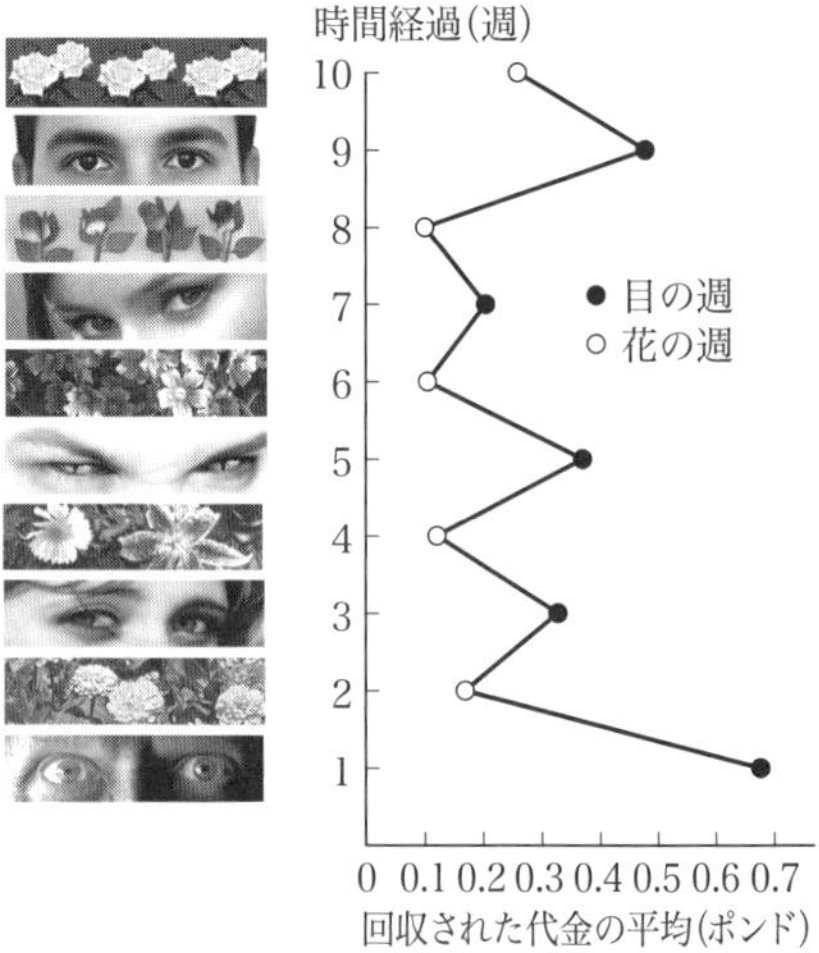

図 3-5　コーヒールーム実験．目の写真が貼られた週は，代金回収率が大幅に改善する（Bateson, M. et al., 2006 から一部改変）

った週で大幅に改善されるというものでした。図から分かるように、黒丸で示した目の週での回収率は、花の週の数倍になっています。とくにいちばん下の「怖い目」の週には、著しい回収効果が観察されました。

　このことは、「誰かに見られているかもしれない」、「規範を破ると評判が下がったり、罰を受けるかもしれない」（罰ははったりではない）と案じる私たちの敏感な心の動きが、社会規範からの逸脱を未然に防いでいる可能性を示しています。第2章の『裸の王様』の話と併せると、非常におもしろい含意をもつように思われます。

「目の威力」の意味するもの

多くの動物たちは、目や目玉の形をした物理刺激にとても敏感に反応します。目、とくに捕食者の目(のように見えるもの)に対する警戒は、食うか食われるかというもっとも重要な適応問題に対応するために、進化的に準備された生得的反応と言えるでしょう。オオクジャクサンという蛾の羽に大きな目玉の模様があることはよく知られていますが、この蛾を捕食するトリは、羽を広げたオオクジャクサンの目玉模様に一瞬ひるみます。こうしたひるみこそ、絶体絶命のオオクジャクサンに千載一遇の逃走チャンスを与えるのです。

一方、ヒトの示す目への反応はもっと微妙な社会的反応です。ベイトソン実験での目の写真に対する反応は、もちろん捕食への警戒反応ではありません。捕食者ならぬ、同種他個体の「みんな」に、見られている(かもしれない)ことに、極めて敏感に反応しているのです。

読者の皆さんは、歌舞伎の隈取りの目のついた、「犯罪を見逃さない！」というステッカーを、街角で見かけたことがありませんか。警視庁の配布したこのステッカーが犯罪の抑止に一定の効果をもつことは、国内外のいくつかの社会実験からも明らかにされています。東京都でも、車にステッカーを貼ってもらう「動く防犯の眼」活動が進行しています。また位置を変えても目が追いかけてくるような印象のステッカーもあるそうです。

3. 情と利他性

ズルを許せない感情

前節の「公共財ゲーム」では、非協力的な行為に対して、多くの人が短期的なコストを払ってでも罰を下し、また長期的な見返りのない第三者であっても罰を下すことがあることを紹介しました。このような罰行動が、直接的には怒りや嫌悪感などの感情に突き動かされて起きることは想像に難くありません。

さまざまなゲーム実験に参加している人の脳活動を調べた研究から、人は不公平な扱いをされると、強い情動反応を示すことが分かっています。対等の立場なのに相手が自分よりも大きな分配金を得た、皆が協力しているのに一人だけズルをして甘い汁を吸う者がいる、そうした不公平な状況に自分が置かれたり、それを第三者として見聞きすると、脳の前島(anterior insula)と呼ばれる部位(96ページ図4-3参照)が強く活性化します。また、ゲーム実験で不公平な分配を実際に拒否したり、非協力の相手を罰する場合にも、参加者の前島の活動が大きくなっていることが分かりました。前島は、情動や自律神経活動に関与する大脳辺縁系(limbic system)と呼ばれる脳部位と密接につながっており、痛みや不快の経験、喜怒哀楽・恐怖などの基礎的感情の体験に重要な役割を果たすことが示されています。

また、規範を逸脱した相手への罰行動が行われた直後には、主観的な満足や報酬の経験と関わる脳領域の活動が大きくなること(不正を罰することは「快」である)ことも分かっています。私たちが直近の経済学的・物質的な利益を無視してまで罰行動をする背景には、不公平に対して「感情に駆られる」心の動きがあるようです。

罰に実効性をもたせるもの

怒りを解消することで快や満足を得るにせよ、罰行動を引き起こすこうした感情の働きはその個人の生物的な適応度を下げてしまうように思われます。漱石は小説『草枕』で「情に棹させば流される」と書いていますが、怒りに駆られると私たちはいろいろと「馬鹿なこと」をやってしまうものです。

しかし、感情が不合理な行動を導く可能性はあっても、人々が自然に「そのように感じてしまう」ことで、罰ははったりではなく、実効性をもつようになります。図3-4の罰あり条件の一ピリオド目で協力レベルを急上昇させた参加者たちの敏感な行動は、他者の怒りや嫌悪を未然に避ける、極めて合理的な予防的措置だったと言えるでしょう。

逆の言い方をすれば、「罰に社会的な実効性がないはず」と冷徹に計算したずる賢い掟破りは、人間性に関する読みを大きく誤ったことになります。興味深いことに、「他の人が自分の行動にどう反応するか」を正しく予期し、相互作用場面で適切に振る舞ううえでも、感情の自然な働きがとても重要な役割を果たしているようです。

直感の重要性

脳科学者のダマシオらは、眼窩前頭皮質(orbitofrontal cortex)と呼ばれる、やはり感情と関わりの深い脳部位を損傷した患者さんたちの意思決定について研究しています。この領域は、前頭葉の中でも目玉の上のあたりに位置する脳部位です。ダマシオは、工事中の爆発事故で鉄杭が貫通しこの脳部位を損傷した、一九世紀のアメリカ人鉄道技術者フィニアス・ゲージ

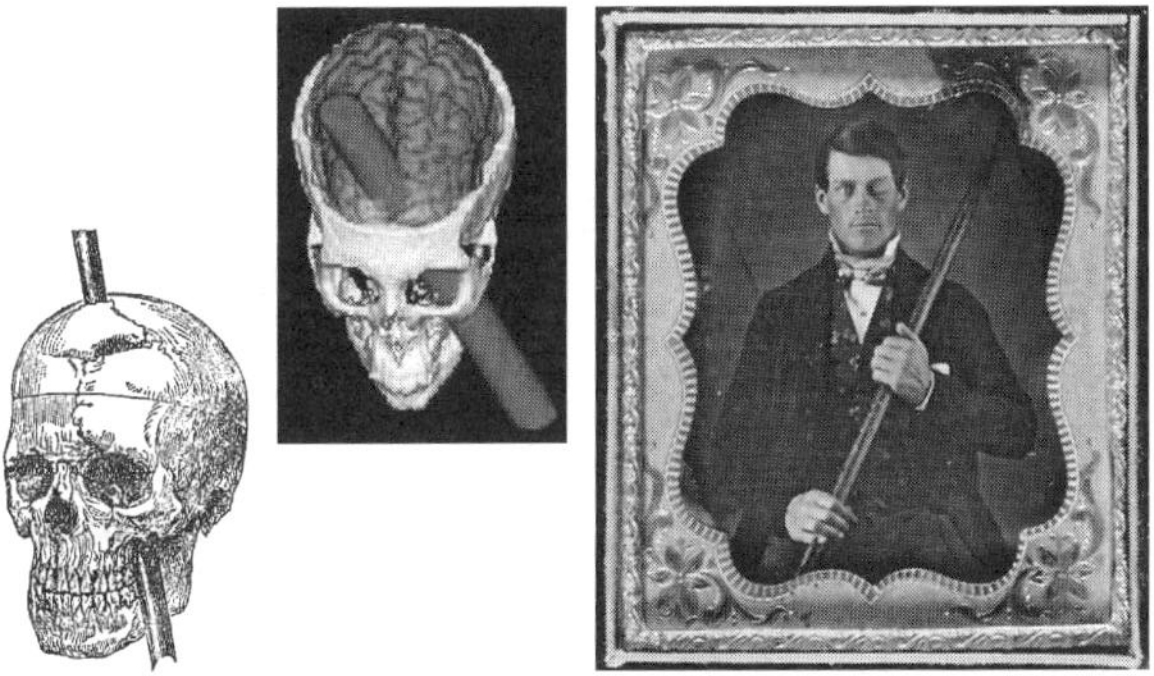

図3-6　フィニアス・ゲージの頭部と貫通した鉄杭について，主治医によるスケッチ(左下)と，アメリカのNINDSによる再現CGI(中央上)．右はゲージの肖像写真．手にもっているのは，彼の頭部を貫通した鉄杭

の有名な症例に言及しています(図3-6)。当時の医師の記録によれば、事故前にはとても魅力的だった人格が、「気まぐれで、礼儀を知らず、時にはとても卑猥な言葉を口にして喜んだり、同僚にもほとんど敬意を示さず、自分の欲望に沿わない忠告には我慢ができず、しつこいほど頑固で、しかし移り気で……」と変容し、この「社会的鈍感さ」の故に、ゲージは対人関係に深刻な問題を抱えるようになりました。

　ダマシオらは、リスクに関する意思決定課題を用いて、この脳部位を損傷した患者さんたちが、短期的利益に注目しがちで、しばしば先のことを考えない衝動的な意思決定を行うことを示しています。ダマシオは、一連の実験から、眼窩前頭皮質は、「危ない」という感覚や「なにか変だ」と思う直感に寄与し、そのような直感が働かないとさまざまな問題行動が生まれるという見解を出しています。

身近な相手との社会関係をうまく築くためには、緻密な合理計算ばかりではなく、むしろ、自然に働く直感（うまく言語化できない「身体感覚」のようなもの）が重要な役割を果たすことは、人間社会の基盤を考えるうえで大切なポイントです。

助け合いを支えるもの

ここまでは主に規範と罰の観点から利他行動や協力について考えてきましたが、私たちの行う親切行為や援助行動には、それでは理解できないものが多くあります。

私たちは、道端に倒れている病人や、ひどく困っている誰かを目にした場合、しばしばかなりのコストがかかる援助を行います。こうした援助行動では、相手は血縁者でも知人でもなくその場限りの関係なので、親切にしてもしなくても、将来その相手から直接的な見返りを受ける可能性はほぼありません。自分が困っているときに同じ相手から助けてもらう可能性（互恵的利他主義）が成立する余地はほとんどないのです。したがって、他人に親切にすることにはそれなりのコストがかかるが、みんなが親切を止めてしまうと社会は非常にぎすぎすしたものになってしまうという、おなじみの社会的ジレンマ状況が存在します。ただし、先ほどの共有地の悲劇や公共財ゲームとは違って、ここでは、プレイヤーの範囲や境界線（村人、四人の参加者）が必ずしも安定していません。未知の相手、二度と会うことのない相手を含む、より広い一般的な社会状況です。

それでも、私たちは実際、しばしば誰かを助けます。このように、いつ誰からともなく、回り回って援助が返ってくる（かもしれない）かたちでの「二者に閉じない助け合い」は、進化生物学で、間接互恵性（indirect reciprocity）と呼ばれます。間接互恵性は、チンパンジーやボノボなどのほかの霊長類を含め、ヒト以外の動物ではほとんど観察されていません。

では、ヒトに特徴的と考えられる「間接的な助け合い行動」は、社会の中でどのような仕組みに支えられているのでしょうか。これらは罰や制裁があるから生まれるのでしょうか。親切にしないと罰せられる（かもしれない）から親切にする？　なんだか変な気がします。現在までのところ、その仕組みには、評判（reputation）の働きがあると考えられています。

ゴシップと評判

「聞いて聞いて、あのAさんが実はね……」など、私たちは人のうわさ話や評判を話題にすることが大好きな動物のようです。霊長類学者のダンバー（大脳新皮質と群れサイズの関係を見出したのと同じ研究者です）は、大学のカフェテリアや病院の待合室など人が集まる場所での自然な会話を分析し、会話のほとんどが「今ここにいない誰か」についてのゴシップであることを示しました。直接の知り合いでもない芸能人や重要人物の私生活に対して、「ふつうの人々」が熱心な興味を示すことは、ワイドショーや週刊誌の記事を見ても明らかです（狩猟採集民の社会でもゴシップはとても熱心に行われます）。

ダンバーによれば、ゴシップはサルの群れにおける毛づくろいと同じ役割を果たすと言います。サルの毛づくろいは、友好な関係を保ったり、壊れかかった社会関係を修復したりするのに役立つことが分かっています。ヒトの場合には、毛づくろいの代わりに言葉を使って「今ここにいない誰か」についてのうわさ話をすることが、互いのきずなや連帯感を強めるという主張です。

しかし、ゴシップの働きはそれだけではありません。ゴシップの一つ一つの情報は面白お

図 3–7　ヒトはゴシップが大好き

かしいいい加減なものであっても、それが積み重なると、ある人の「人間性」を露わにするケースがしばしば生まれ、それがその人の「評判」となります。「評判の良い人」とされるか「評判の悪い人」とされるのかは、その人の利他性によるところが大きいでしょう。なかでも、相手からの直接の見返りが期待できないような場面において、相手に親切にするか、あるいは手のひらを返したように冷淡になるかは、その人のもっている「本当の利他性」の程度をよく表す指標と言えるでしょう。とくに当の本人が計算せずに表出した行動、たとえば、誰も見ていないと思ってやった行動は、情報価が高いと言えます。

　私たちは、ゴシップを通じていろいろな他者の本当の利他性についての情報を得ることで、直接知らない相手であっても、評判の良い人とは付き合いたいと思う一方で、評判の悪い人はなるべく避けようとします。ゴシップなどの評判メカニズムは、どの相手とどう付き合うべきかをめぐる「対人マーケット」において、重要な選別の機能を果たしているのです。付き合う相手として他の人から選ばれることが、集団での生活を進化的に選択したヒトにとって根本的な適応の要件となるのは、言うまでもありません。このような評判のメカニズムは、ツイッターやラインなどの情報サービスが普及した今日の社会で、とくに大きな影響を発揮します。

結局は人情家が得をする？

近年の研究では、間接互恵性で見られるような自発的な親切行為や援助行動は、このような言語を介した評判のメカニズムを基盤として、ヒトの心に定着したのではないかと考えられています。

もちろん、対人マーケットの仕組みを読み切ったずる賢い偽善家は、意図的に「見返りのない親切行為」に従事し、いろいろなところで自己宣伝に努めるかもしれません。しかし、そのような冷徹な合理計算は、時に計算外のボロを出す可能性があります。一方で、「情に流される人」の場合にはそもそも計算をしないので、困っている人に対していつも援助の手を差し伸べます。

こう考えると、「自然な感情に流され、ついつい可哀想だと思って行動してしまう人情家」は、短期的にいろいろと損をしても、長期的には社会の中で人に愛されて、つまり「選ばれて」いくのかもしれません（古い映画ですが、故・渥美清の演じた「寅さん」のことを想起します）。

こうして私たちは、人情家を好み、また人情家であろうとするように心を適応させてきたわけですが、固定した小集団で暮らしていた時代と異なり、近代化・産業化の歴史は、市場メカニズムの拡大を通して、会社・組織などの自由な対人マーケットを広げました。そこで選ばれるために、「優秀な人」、「能力の高い人」であろうとし、その競争はますます激化しています。これは歴史・文化時間における新たな適応であると言えるかもしれませんが、その一方で大規模で厳しい競争は、進化時間仕様の私たちの心にストレスをもたらします。そんななか、「情に流される人情家」のことを見聞きして私たちがホッとして温かい気持ちがする背景には、計算をしない相手と付き合いたいという、感情に駆動されたデマンドがあるのかもしれません。

ヒトは「仲間」と協力関係を作ることがとくに上手な動物です。そのような協力関係を作る上で、ヒトの極めて敏感な社会的感受性、具体的には、罰の可能性への恐れや、相手との不公平を気にする感情、他人の私生活への強い興味やゴシップ、相手への同情心などが、重要な役割を果たすことを見てきました。そこでは、合理的で冷徹な計算よりも、しばしば「情に流されること」が適応上の意味をもつ可能性を論じました。つまり、私たちヒトの心は、感情の働きを中心として、平和な暮らしを作ることができるように、進化的にうまく調整されてきました。しかし、歴史・文化時間における人の社会では、協力関係を築く「仲間」の及ぶ範囲を、一五〇人程度の自然集団から、会社、組織、共同体、国家といった人工的集団に拡張するさまざまな仕組みが作られてきました。「仲間感情」を基盤とする協力（ホッブズの言葉を使えば、平和な「社会的秩序」）の範囲は、いったいどこまで拡張可能なのでしょうか。残る二つの章では、この問題を取り上げ、それが人文社会科学の中心的テーマとどのように関わるかを考えます。

第4章　「共感」する心

二〇一一年三月一一日に発生した東日本大震災は、一万八〇〇〇人を超える死者・行方不明者、数十万に及ぶ避難者を出し、福島第一原子力発電所事故による深刻な被害と併せて、東北地方の人々の生活に深い爪痕を残しました。未曽有の大規模災害のなか、被災された方々が相互扶助の精神を強く発揮したこと、また多くのボランティアが復旧作業に駆けつけたことは、世界各国の人々の心を熱くし、さらなる共感を集めました。また本章を執筆中の二〇一六年四月一四日に発生した熊本地震でも、共感の動きが全国に広がりました。

共感が平和な暮らしの実現にとってかけがえのないものだという見方は、人々の間で幅広く共有されています。「神の見えざる手」という言葉で市場の「クールな自動調節機能」を主張したアダム・スミスも、同感(sympathy)こそが人間社会における秩序の、最大の基礎になると論じています。

このように「いいこと尽くめ」のように思われる共感ですが、私たちの自然な思いやりは、どのような相手に対して、どこまで、またどのようなかたちで働くのでしょうか。

本章では、私たちの「他者と無関係ではいられない、共感する心」の働きとその基盤を、経験的なデータに基づき考えていきます。

1. 動物の共感、ヒトの共感

さまざまな共感

「共感」という言葉は、ふだん、「人の不幸に同情する」、「人の悲しみにともに涙する」といった、感情の動きについて述べるときによく使われます。私たちが「共感性の高い人」でイメージするのは、他者の心情に寄り添い相手を援助する、繊細で多感な人のことでしょう。たしかに、このようなイメージは人間の共感の特徴を表す代表例だと言えます。

しかし、近年の研究では、共感とは、こうした「思いやり」だけでなく身体模倣や情動の伝染などを含む重層的なシステム(empathetic systems)であり、その一部はヒト以外の動物たちにも共有されているのではないかと指摘されています。

現在、共感に関する検討は、さまざまな学問分野にまたがるホットな研究トピックになっています。たとえば我が国でも、動物に広く認められる原始的な共感からヒト特有の高次の共感に至るまで、多様な「共感」のあり方を、分子、神経回路、認知、行動の専門家たちが、文理の壁を超えて協力して研究する大型プロジェクトが動いています（図4–1参照）。

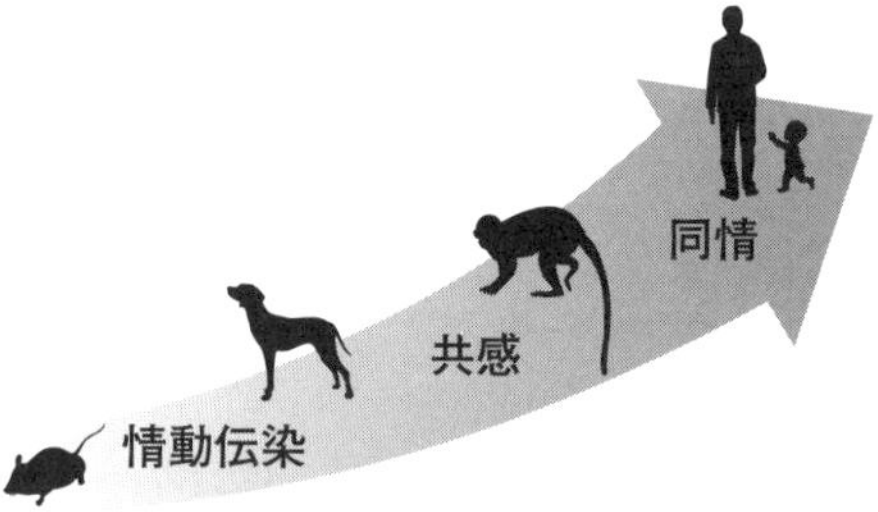

図4–1　群れを作る動物に広く見られる多層な「共感性」．科学研究費補助金新学術領域研究「共感性の進化・神経基盤」（長谷川壽一代表：2013–2017年度）のイメージ図

ついマネしてしまう身体

相手がニコッとすると、ついこちらも微笑してしまう経験はおなじみのものです。この現象は表情模倣（facial mimicry）と呼ばれ、笑顔や喜びだけでなく、驚き、悲しみ、怒り、嫌悪、恐れなどの基礎的な感情表出全般について、広く起こることが分かっています。

表情模倣は、相手の表情が動き始めてから〇・五秒くらいのうちに立ち上がる、素早く自動的で、反射に近い反応です。この反応は生まれたばかりの赤ちゃんの段階でも見られること、また、マカクザルなどの霊長類にも類似の現象が見られることから、進化的に組み込まれた生得的反応だと考えられています。

同様の同期・模倣現象は、表情だけではなく、身体の動作や姿勢、話すスピード、声の高さにも認められ(早口や高い声がうつる)、感覚・知覚と動作を自動的に協調させる脳の仕組みに基盤をもつとされています。

たとえば、ちょうど二〇世紀の終わりごろ、神経科学者のリゾラッティらはマカクザルの神経細胞(ニューロン)の電気活動を調べていたところ、興味深い事実を発見しました。マカクザルが手を伸ばしてエサを取る際に活動する神経細胞の一部が、実験者がエサを拾うのを見た時にも反応したのです。マカクザル自身が行為をする場合だけでなく、他者が同じ行為をするのをただ見ている場合にも、まるで鏡に映っているかのように同じ細胞が同様の電気活動を示すことから、リゾラッティらは、これらの神経細胞をミラーニューロン(mirror neuron)と名づけました。

人のリアルタイムの神経活動を細胞単位で測定することは倫理的にできませんが、画像の撮像(脳イメージング)による脳活動の研究から、人にも同じようなミラーシステムがあることが示唆されています。

私たちが相手と相互作用するときには、意識するとしないとにかかわらず、身体・神経レベルでの同期化がまるでさざ波のように起こっているようです。高校の物理で習った、二つの音叉の片方を鳴らすともう一方の音叉も鳴り始める「共鳴現象」を想起させます。

他者の心を理解するためのマネ

身体・神経レベルでの共振・同期のほとんどは無意識的・自動的に起きる現象ですが、「他者の心を理解する」うえでも重要な基盤となっている可能性が指摘されています。

たとえば、ミラーシステムは、相手が「目的志向的」な動作、つまり、食物に手を伸ばすとか、障害物をどけるなどの「何らかの目標に向けられた意味のある」動作を見る時には反応しますが、「目標のはっきりしない無意味な」動作を見る時には反応しません。また、私たちの研究からも、人物の顔動画を見ている実験参加者に、「その人物がどのような気持ちか」を推論するように教示した場合（図4-2(a)）には、「年齢・体型などの身体属性」を当てるように教示した場合（図4-2(b)）よりも、動画人物の喜び・驚き・怒り・悲しみなどの表情表出が、自然に模倣されやすいことが明らかになりました。

言い方を換えると、ヒトには、自分の身体を媒体に「相手の動作や表情をコピーする」ことで、相手の意図や感情などの「心的状態」を理解しようとするメカニズム――身体化された認知(embodied cognition)と呼ばれます――が備わっているようです。このような無意識の同期プロセスは、「共感性」のもっとも原初的なレベルに位置すると言えそうです。

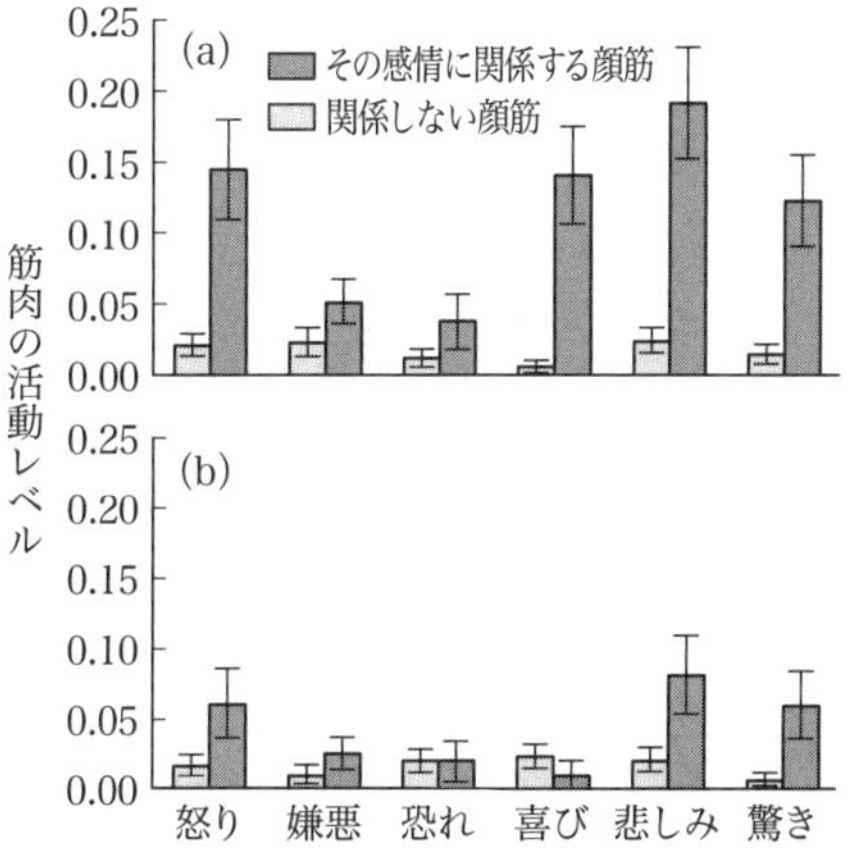

図 4-2　自動的な表情模倣について調べた実験．動画の人物の「気持ちを理解する」ように教示した条件(a)のほうが，「年齢・体型などの身体属性を当てる」ように教示した条件(b)に比べ，喜び・驚き・怒り・悲しみに対応する顔筋が動きやすい(Murata, A. et al., 2016 より一部改変)

「痛い！」も伝染する

身体が同期するように、情動経験についても同期・増幅現象が見られます。誰かが泣いていると自分も悲しくなってもらい泣きしてしまったり、一緒に過ごしている友人の笑いや興奮が自分にも伝染したりというようなマイクロな例から、集団ヒステリーやパニックのようなマクロな例に至るまで、私たちは他者の情動状態と無縁でいることがなかなかできません。この現象は情動伝染(emotional contagion)と呼ばれ、図4-1に示したように、霊長類はもちろん、ネズミやイヌを含む群居性の動物たちの間に広く認められます。

たとえば、「痛みの伝染」を考えてみましょう。私たちは、他の人が注射されているのを見ると、しばしば自分も痛いような気分になります。生物学者のラングフォードやモギルらは、マウスを対象に次のような実験を行いました。この実験では、マウスに、酢酸やホルマリンの注射による痛み刺激を与えました。これらの刺激は、マウスにそれぞれ、急性の疼痛、持続性の疼痛を引き起こすことが分かっています。実験では、痛み刺激を単独個体だけに与える「単独条件」、ペアにした二個体の一方だけに与える「一方条件」、ペアの二個体にともに与える「両方条件」の三つを設定し、マウスの痛み表出(身をよじる、舐める)の程度を比較しました。

さて結果です。マウスの痛み表出は、単独条件や一方条件に比べて、ペア二個体が揃って痛み刺激を与えられる両方条件で大きくなっていました。つまり、互いの痛み表出を見ることで、ペア内で痛みがピンポンされる（社会的に増幅される）ことが分かりました。さらに社会的増幅は、ペアが見知らぬ二個体から成る場合よりも、同じケージに住む仲間や兄弟・姉妹から構成される場合にとくに顕著だったのです。

親しい人ほど情動がうつる

ヒトについても同じようなデータが得られています。脳科学者のシンガーらは、カップル（恋人同士）に参加してもらって、次のような実験を行いました。カップルのうち、女性の脳活動を脳イメージング（fMRI）により計測し、女性本人に痛み刺激を与えている場合と、男性パートナーに痛み刺激を与えているのを女性が見ている場合とを比較しました。

女性本人が痛みを伴う電気刺激を手に受ける場合には、痛み回路（pain matrix）と呼ばれている脳部位、具体的には、前帯状皮質（ACC: anterior cingulate cortex）や前島などが活動していました。そして、男性パートナーが電気刺激を受けるのをただ見ているだけの場合にも、同じ痛み回路が賦活することが分かりました（図４‑３）。

他人が経験した痛みも、自分の痛みと同じように神経的に処理されるという結果です。後

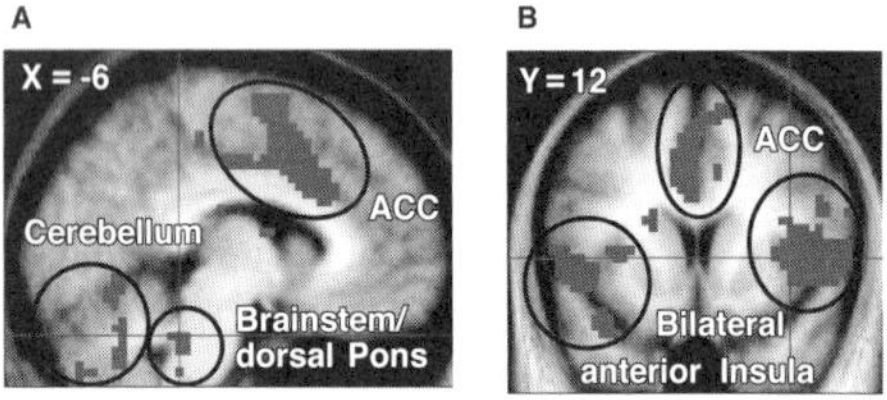

図 4-3　本人が痛み刺激を受けたときと，男性パートナーが痛み刺激を受けるのを見たときに，共通して賦活した箇所．前帯状皮質(ACC)や両側前島(Bilateral anterior Insula)などの痛み回路が賦活している(Cerebellum は小脳，Brainstem は脳幹，dorsal Pons は橋背部)(Singer, T. et al., 2004 より一部改変)

続の研究から、このような「痛みの伝染」は、仲間や好意のもてる相手に対して起こる一方、対人場面で不公正に振る舞う者、好感のもてない相手には起こりにくいことが分かっています。

さまざまな動物種で広く認められる情動伝染は進化的・神経的な共通基盤をもつと考えられますが、マウスであれヒトであれ、「伝染の起きる自然な境界・範囲は仲間や血縁者」という知見はとても重要です。

種を超えて「仲間」とのきずなを作るホルモン

情動伝染に関わるホルモンとして、近年、オキシトシン(Oxytocin)の働きに注目が集まっています。オキシトシンは、女性が分娩するときの子宮収縮や、乳腺からの乳汁分泌を促す作用をもちますが、同時に、外界の刺激に対する情動反応にも大きな影響を与えます。

たとえば、子供を産んだことのないマウスは仔マウスの鳴き声に情動的に応答しませんが、出産を経験することで、仔マウスの声に対して接近行動を示すようになります。ヒトでは、オキシトシンは女性だけではなく男性の養育行動も助長し、また、神経伝達物質として相手への信頼行動を促進することが知られています。母子間の愛着、異性間の結びつき、友人との親和行動など、さまざまな場面で「相手とのきずな作り」に寄与すると考えられることから、脳内でオキシトシンがどのように作用するのか、神経回路の究明への関心と、臨床応用への期待が高まっています。

興味深いことに、オキシトシンは、同じ種に限らず種が違う「仲間」との間でも、互いの親和性を高める場合があるようです。麻布大学の菊水健史教授、永澤美保研究員らは、イヌとオオカミにそれぞれオキシトシンを投与し、飼い主への親和行動がどのような影響を受けるかを検討しました。オキシトシンを投与されたイヌ(とくにメス)は、飼い主の前に座って目をじっと見つめるなどの顕著な親和行動を示しました。一方、オオカミは、ずいぶん長く飼われている個体でもそのような行動変化を見せませんでした。さらに別の研究から、自分のイヌにじっと見つめられると、飼い主の尿に含まれるオキシトシンの量が増えることが分かっています。

イヌとオオカミは近隣種ですが、ヒトがオオカミを家畜化し、飼い主に従順である、飼い主に寄り添うなどの「望ましい」性質をもつ個体を人為的に選択することを通じて「イヌ」が成立したと考えられています。人為選択という特殊なプロセスを経て、イヌはヒトと情報を共有し、ヒトの「仲間」として行動を調整できるような神経機構を備えるようになったと想像されます。

互いに見つめ合うとオキシトシンが分泌され相手への愛着行動が増す――人間の恋人や母子間に当てはまる情動伝染のプロセスは、イヌと飼い主における「種を超えた親愛関係」にも当てはまるようです。人生の大事な伴侶である「コンパニオンアニマル」にイヌがもっとも選ばれやすいのは、当然のことかもしれません（図4-4）。

図 4-4　オキシトシンはヒトとイヌのきずなを深める

思いやり行動も哺乳類に広く存在する

痛みの伝染は、しばしば相手を実際に助ける行為につながります。そして「相手を思いやる利他行為」こそが、私たちがふつう共感(empathy)という言葉でイメージし、またとても人間的に思われる行動です。しかし最近の動物行動学の研究から、このレベルの共感もヒト以外の哺乳類に広く見られることが指摘されています(図4-1参照)。

たとえば、霊長類学者のドゥ・ヴァールは、『共感の時代へ』と題する著作の中で、血縁関係のないチンパンジーたちが死の床にある仲間に対し、柔らかいおがくずでベッドを整えたという、印象的なエピソードを紹介しています。苦境にある仲間を助けようとする(あるいは仲間に寄り添おうとする)行動は、ゾウやイルカなどの大型哺乳類でも見られますが、最近の実験から、ラットにも同様の行動が存在する事例が報告されています。

脳科学者のドセティらによる実験では、ラットのペアの一方が透明のチューブに閉じ込められました。外にいるラットは、閉じ込められた仲間を解放するためにチューブを開けるやり方を、素早く自主的に学習しました。それだけではありません。「相手のチューブを開けるか、チョコレートの入ったチューブを開けるか」というジレンマ状態に置かれた場合にも、仲間を助けることを高い確率で優先したのです。「仲間への思いやり」と解釈できる行動が、ヒトを含む霊長類とは進化の系統樹でかなり距離のある、げっ歯類でも示されたことになります。

オキシトシンが促進する利他行動

さて、先に述べた「きずな作り」に寄与すると考えられているオキシトシンが、仲間に対するヒトの利他行動を促進することを示した研究があります。

社会心理学者のドゥ・ドゥローらの行った実験では、鼻腔の嗅上皮にオキシトシンをスプレーされた参加者と、偽薬(プラセボ)をスプレーされた参加者で、同じグループの仲間に対する利他行動の程度を比較しました(もちろん実験参加者は自分の受けたスプレーの中身を知りません)。

この実験での「利他行動」とは、自分の作業量を過大報告することで仲間のために多くの報酬を受け取る、という「不正」を含むものでした。実験の結果、オキシトシンを投与された参加者のほうが、頻繁にかつ短い時間で、この利他的な不正行為を選びました。しかも、この不正行為が、グループの仲間ではなく自分だけの利益になる場合には、オキシトシン投与とプラセボ投与の間で、選択頻度に違いは見られなかったのです。

この実験で、同じグループの仲間は、チューブに入れられたラットのように、苦境に立たされていたわけではありません。しかし、いずれの実験でも、自分の利益よりも他者の福利を優先する利他行動が、短い時間であまり迷うことなく起きています。利他行動にオキシトシンが関与する神経メカニズムについてはまだよく分かっていませんが、「グループの仲間に対する思いやり行動の多くが、情動に影響され半ば自動的に起こる」ことは、近年のほかの研究からも示唆されています。

2. 内輪を超えるクールな共感

情動的共感の限界

これまでに論じた共感性のシステムは、ヒトを含む霊長類以外の動物たちにも広く共有され、身体―動作のレベル、情動のレベルで、ほぼ自動的に立ち上がるという共通の特徴をもっていました。第3章で論じた「人情家」のイメージは、こうした「情に流される」共感の側面とよく一致しています。

しばしば良いイメージで語られることの多い共感ですが、ここで読者の皆さんが難しい手術を受けねばならない状況にあると考えてください。このとき、皆さんの不安や苦悩に身体―動作のレベルもしくは情動のレベルで敏感に共振する医者と、患者の不安を引き受けない医者の、どちらに執刀を依頼したいと思いますか？

心理学者のデイヴィスは、人間の共感性にいくつかの次元があると考え、それらを測定する心理尺度を開発しました。その中の一つに個人的苦悩(personal distress)と呼ばれる次元があります。たとえば「緊急事態で、援助を必要とする人を見ると取り乱してしまう」、「感情が高ぶると、無力感に襲われる」などの質問項目で測定される次元です。

社会心理学の実験から、これらの質問にイエスと答える人ほど、他者の緊急場面を見ると自分も一緒に苦しくなってしまい、却ってその場から身を引いてしまう傾向があることが分かっています。教育学の研究からも、子供が悩んでいるときに苦悩をそのまま引き受けてしまう親ほど、適切な援助やアドバイスができない可能性が指摘されています。相手と一緒に共振する情動型の共感はとてもやさしい反面、情動に圧倒される危険も含んでいます。

またこのタイプの共感が働きやすいのは、とくに母子間や血縁の相手、友人、同じグループの「仲間」に対してだったことを思い出してください。社会心理学で自分の所属する集団のことを内集団(ingroup)と呼びます。家族や親族はもちろん、同じ地域のコミュニティ、チーム、クラブ、学校、会社、ひいては国家なども内集団になり得ます。「情動的共感が内集団を自然な境界(限界)とする」点は非常に重要です。

図 4-5　完璧な結婚詐欺師はクールな共感に優れている

詐欺師の「共感」

それでは、情動的でない共感というものはないのでしょうか。完璧な結婚詐欺師のことを考えてみましょう。自分の心の動きにきめ細かく対応し、自分を第一に思ってくれる(ように見える)相手は、とても魅力的です。詐欺師である以上、その意図が思いやりではあり得ないことは当然です。しかし相手の心的な状態を正確に読み、その気持ちに沿った「適切な」行動を(少なくとも途中まで)取るという点では、結婚詐欺師はある種の「共感能力」に長けているということができるでしょう。相手の幸福や利益を重んじる情動に駆られているわけではありませんが、認知的には相手の心的状態に「寄り添って」いるからです。

これまで述べてきた「情動的共感」は、自他の壁をなくしてしまう「自他融合的」なプロセスを特徴としていました。それに対して、詐欺師の共感は、自他間に壁を設ける「自他分離的」なプロセスを前提としています。このようなクールな共感は「認知的共感」と呼ばれます。

認知的共感を支える脳の回路

心理学で、誤信念課題(false belief task)と呼ばれるテストがあります。次のような課題です。「二人の子供サリーとアンが一緒に部屋で遊んでいます。サリーは遊んでいた人形を箱の中に入れて外に出て行きましたが、留守の間に、アンが人形をベッドの下に移しました。さて、部屋に戻ってきたサリーは、人形遊びを再開するために、最初にどこを探すでしょうか」。

大人にとって「箱の中」という正答は自明ですが、三歳くらいまでの子供は、「ベッドの下」と答えてしまいがちです(この年齢は課題内容や文化によって変動します)。誤信念課題に正しく答えるためには、観察者として事態の全貌を知っている自分の認識と、サリーのもっている知識とを、切り離して考える必要があります。他者が自分と違う信念をもつ場合があることを理解し、異なる信念に基づく相手の行動を正しく予測するためには、生まれてから思春期にかけてずっと発達の続く大脳新皮質の働きが必要であるようです。

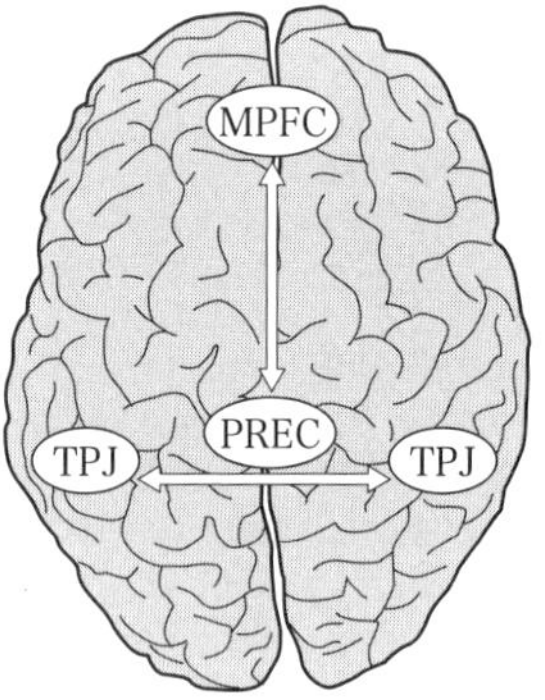

図4–6　脳のメンタライジング・ネットワーク．MPFC：前頭前皮質内側部，PREC：楔前部，TPJ：側頭頭頂接合部

脳イメージングを用いた研究から、これに関与する大脳新皮質の部位として、側頭頭頂接合部（TPJ: temporo-parietal junction）、前頭前皮質内側部（MPFC: medial prefrontal cortex）、楔前部（PREC: precuneus）などが分かっています（図4-6）。これらの部位は、まとめてメンタライジング・ネットワーク（mentalizing network）と呼ばれます。このネットワークは「相手の心的状態」を推論するときに強く反応する回路として知られ、思春期に至るまで、その成熟にはかなりの時間がかかることが分かっています。

情動伝染のところで述べた痛み回路とは異なり、自他分離を前提に「相手の視点」を取る（perspective taking）ときに働くこの脳回路は、認知的共感というもう一つの共感性ルートを構成していると言えるでしょう。

体の痛みと社会的痛み

前節で、身体的苦痛を感じたときに働く、脳の痛み回路を紹介しましたが、興味深いことに、この痛み回路は社会的な苦痛を経験するときにも同様に反応します。

心理学者のアイゼンバーガーらは、実験参加者が三人でコンピュータゲームをしているときに、自分一人だけが除け者にされる（若者言葉では「ハブられる」）経験をしたときの脳活動を調べたところ、社会的苦痛は身体的苦痛と同じように、痛み回路を活性化させるという結果が得られたのです。「心が痛む」というのは、単なる表現上の喩えではないということです。

それでは、「他人が社会的苦痛を受けるのを見ている」場合にはどうでしょうか。他者が社会的にハブられているのを傍観者として見ている状況です。女性が恋人の身体的苦痛を目にすると、本人が経験しているときと同じ痛み回路が活動するという、シンガーの実験を思い出してください。他者の身体的苦痛と自分の身体的苦痛が、脳内で同じように処理されるという結果でしたが、社会的痛みの場合はどうなのでしょうか。

心理学者のマステンとアイゼンバーガーが、先ほどと同じ除け者状況を実験参加者が第三者の立場で見ているときの脳活動を調べたところ、参加者の脳の痛み回路は活性化しませんでした。そして非常に興味深いことに、先ほどの認知的共感が起きるときに働くメンタライジング・ネットワークが活性化したのです。しかもその傾向は、成人の参加者に比べて、一二、三歳の中学生の参加者の間でとくに顕著でした。つまり、他者の身体の痛みに対しては情動的に共感するが、他者の社会的痛みには認知的な共感のプロセスが起きるということです。ただし、そこでの「共感」は必ずしも単純なものではありません。

他者が社会的苦痛を経験しているとき、私たちは「なぜ」という問いを発します。この実験では、「なぜ被害者はハブられているのだろう」という問いだけでなく、「なぜ加害者はハブっているのだろう」、「どちらに問題があるのだろう」、「これはいじめなのか、それとも?」という疑問を含めて、関係するさまざまなプレイヤーの考えや気持ちを推論することで、起きている事態を客観的に理解しようとします。そして「ハブ状況」を正確に理解する必要は、成人よりも、「現場に近い」中学生で高いと考えられます。このような舵取りの難しい社会場面(政治的場面と言ってもよいかもしれません)をうまく切り抜けるために役立つのは、自動的に立ち上がる情動的な共感よりも、いろいろな人の視点を取ったうえで適切な判断をするための、より認知的な共感でしょう（第1章で論じた「マキャヴェリ的知性」の話と深く関係します）。

認知的共感は、必ずしも情動的共感のように、いつでも直ちに「温かくやさしい思いやり」を生むものではありませんが、次に見るように、私たちの共感性システムが「内集団を超える利他性」を発揮するために、欠くことのできない本質的な役割を担うと考えられます。

自他分離的な情動変化

共感性のシステムには、自他融合、自他分離という二つの側面があることを見てきました。それでは、二つの側面はどのように交絡するのでしょうか。私の研究チームで次のような実験を行いました。

この実験は、他者が身体的な痛み刺激を受けるビデオを見ている実験参加者の共感性を、生理反応を用いて調べる実験です。具体的には、ストレスが増すと末梢の血管が収縮するという生理現象を使って、実験参加者のストレス状態の変化を測定しました。

実験の手続きについて説明します。ビデオには、女性の登場人物（女優）が、「強い光刺激

（ストロボ）を受けるシーン」、「高周波数の音刺激を受けるシーン」という、二つの不快シーンが含まれていました。実験では、これらの刺激がいずれも不快な刺激であることを理解してもらうために、まず実験参加者（全員が女性）は、光刺激、音刺激のそれぞれマイルドなバージョンを経験させられました。

次に実験参加者はビデオを実際に見ることになりますが、ここで実験参加者は、以下の二つの条件のいずれかに割り振られました。一つはビデオの登場人物が「晴眼者」である条件、もう一つは同じ女優が「全盲者」の役を演じる条件です。後者では、登場人物が全盲者であることが身体動作からうかがわれるようにビデオが作成されました。

さて、どのような結果の予測が導かれるでしょうか。実験参加者は全員が晴眼者だったことに留意してください。もし参加者に、自分と相手を同一視する自他融合的なプロセスが起きるなら、登場人物が全盲者の条件でも、光刺激・音刺激の区別なく、両シーンを見ているときの参加者の生理反応は、一様に上昇するはずです。反対に、もし相手の立場に即した自他分離的なプロセスが働くなら、全盲者条件では光刺激については反応が起きず、音刺激に限って参加者の生理反応が上昇するはずです。

図4-7に実験の結果を示しました。縦軸は末梢血管の収縮率を（参加者の生理的喚起・ストレスレベルに対応します）、横軸の左側は光刺激、右側は音刺激に対する反応をそれぞれ示しています。白いバーが晴眼者条件、灰色のバーが全盲者条件です。

図から分かるように、明らかに自他分離的なパターンが観察されました。平均的に見ると、実験参加者たちは全盲者条件で、自分にではなく、登場人物にとって不快な刺激（＝音）に限って生理反応の上昇を示していたのです。

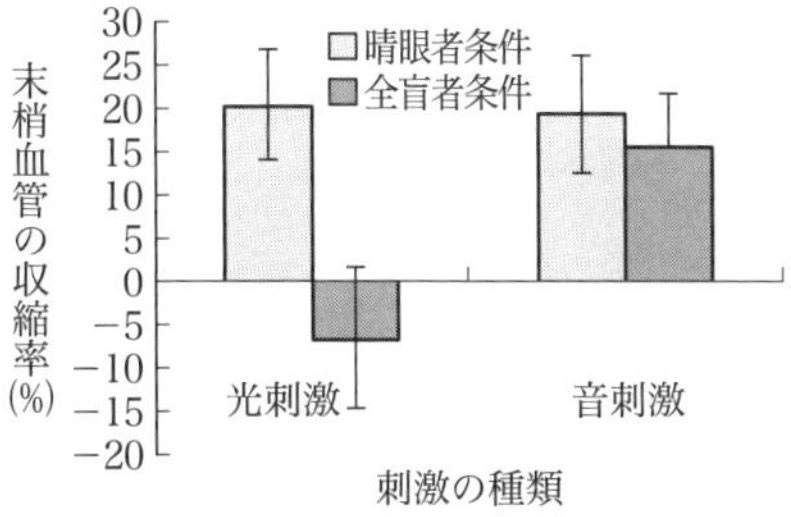

図4-7　共感のタイプを調べる実験．参加者は全盲者条件では音刺激にのみ反応しており，「異質な相手」に対して自他分離的な共感反応を示すことがわかる(Kameda, T. et al., 2012より一部改変)

内集団を超えるクールな共感の可能性

さらに興味深いことに、実験でこうした自他分離的な生理反応のパターンを示す参加者ほど、日常生活場面でも他者への援助を行いやすいことが分かりました。自動的に立ち上がってくる生理反応を認知的にうまくコントロールできる人ほど（つまり「個人的苦悩」に圧倒されない人ほど）、日常場面で有効で適切な援助を他者に与えられるという可能性を示唆する知見です。こうしたクールな利他性は、有能な医者や行政担当者など、緊急時の対応を担うさまざまなプロフェッショナルたちが備えるべき必要条件でしょう。

また、社会科学の研究から、身体的・精神的な障害のある人々は、しばしば「ノーマル」な人々の外集団（outgroup）として、さまざまな偏見（スティグマと呼ばれます）やステレオタイプの対象となりやすいことがよく指摘されます。本実験の結果は、「異質な相手」に対する利他性が、自分と同質である内集団に向きがちな情動的共感ではなく、相手の立場を考慮した認知的共感によって担われる可能性を意味するものかもしれません。

本章で論じてきた多層な共感性のかなりの部分は、ほかの動物たちとも共通する、自動的でホットな共感でした。ホットな感情は身近な相手への利他行動を支える重要な基盤となる反面、共感性の働く範囲を「いま、ここ、私たち（内集団）」に限定しがちです。一五〇人程度の小さいグループにおいて進化時間で有効だったホットな共感性は、何百万人が暮らす大都市や七〇億を超える未知の人々が相互依存する現代社会の問題群、すなわち「未来、あちら、彼ら（外集団）」を含む問題群に対処するためには不十分かもしれません。

一九世紀の終わりに活躍した近代経済学の父・マーシャルは、経済学を学ぶためには、「冷静な頭脳と温かい心(Cool Head, but Warm Heart)をもたなくてはならない」と論じました。マーシャルの構想した経済学は社会の福利をいかに増すかという問題意識に貫かれていました。共感性の多層な構造は、まさにマーシャルの言葉を現代社会でどう実現するかという問題に通じるのかもしれません。

第5章 「正義」と「モラル」と私たち

前章では、共感性について考えました。「他者のあり方」に無関心ではいられない私たちの心は、自分や他の人々を含む、全体としての「社会のあり方」についても、やはり無関心でいることができません。この社会のあり方に関する高い感受性は、古代ギリシャや中国以来、「社会はどのようにあるべきか」をめぐる政治理念や価値、「正義」、「モラル」として、人々の間で脈々と受け継がれてきました。

正義やモラルの概念は、人文社会科学にとっての中心、いわば「本丸」に位置しています。その理由は、ヒトならぬ「人」だけがこれらの抽象的な価値を使って、ほかの動物には見られない「高度の政治」や「ガバナンス」を行うことができると考えられているためです。

たしかに、正義やモラルの芽ばえのような行動は、さまざまな動物たちの集団にも観察されます。しかし、正義やモラルが、言語という媒体を活かして、多くのメンバーをこれほどまでに強く吸引する力をもつのは、人間社会においてのみです。たとえば、社会運動における不公正の糾弾、革命家の血湧き肉躍らせるレトリックは、人々を広く動員します。

本章では、社会のあり方に無関心ではいられない「政治的存在としての人間」を動かす「正義」や「モラル」について、第1章から第4章までの議論と関連づけながら考えていきます。

1．セーギの味方の二つの疑問

「正義」や「モラル」といういかにも大上段に構えた言葉は、私たちをしばしばシラケさせます。法哲学者の井上達夫・東京大学教授は、このシラケる感覚を「セーギの味方」と表現し、次の二つが背景にあると、名著『共生の作法――会話としての正義』、『世界正義論』で論じています。

一つめは、正義は個人を超えるか、いわんや「国境」を超えるか、という疑問です。正義をめぐる価値判断はそもそも恣意的・主観的である、だとしたら誰にとっても当てはまる普遍的な正義など存在しないはずだ――法哲学で「価値相対主義」(すべての価値は相対的である)と呼ばれるこの考え方は、正義を滑稽なものとして嗤います。パスカルに「河ひとつが境界をつくる正義とはなんと滑稽か。ピレネー山脈のこちら側の真理は、あちらでは誤り」という言葉があるそうです。

二つめは、正義に名を借りた圧倒的な暴力の存在です。自国の利権のために大国が小国に「悪」の烙印を押し、「正義の戦い」で多数の罪のない人々の血を流す例は、私たちが生きている現代においても、本当に枚挙に暇がありません。

これらの二つの疑問はともに重要です。やや長い引用になりますが、井上達夫教授は次のように述べています。

〔世界正義の〕探求は、「国境を越えられない正義」の欺瞞と「身勝手に国境を越える覇権的正義」の横暴との間の隘路、いわば魔の渦カリブディスと巨岩に住まう魔物スキュラとの間の狭き海路を、いずれにも呑み込まれないよう突きぬけて進まなければならない。これは危険な航行である。しかし、グローバル化が摩擦音を高めながら進行する現代世界において、滑稽なる道化を演じさせられたり、暴君に侍女として奉仕させられたりして蔑まれる屈辱から正義の女神ディケーを救済するには、この危険な航行に賭けるしかない。

（井上達夫『世界正義論』筑摩選書、二〇一二年、〔　〕内は筆者の補足）

以下では、この二つの疑問のうちの最初の疑問、「正義は個人を超えるか、いわんや「国境」を超えるか」を念頭に置きながら、社会のあり方、なかでも「正しい分配のあり方」を中心に、私たちの正義に対する高い感受性の性質と働きを見ていきましょう。

2. いかに分けるか――分配の正義

「功利主義」という考え方

「いかに分配するか」という問いは、私たちの社会生活の根幹を成しています。国会の議席数を選挙区にどう割り当てるかを含む権利の配分、国家予算をどこにどれだけ措置するかの行政上の配分から、航空会社への空港発着枠の割当て、お花見での場所取り、子供同士の遊び場をめぐるいさかいに至るまで、有限の資源をどう分けるかについての議論は尽きることがありません。

分配をめぐる議論のなかに、功利主義(utilitarianism)と呼ばれる哲学があります。次の二つの例で考えてみましょう。

災害で非常に多くの負傷者が出た場合、医療資源をどのように分配すべきでしょうか。資源が無限にあるなら、負傷者全員に満遍なく医療行為を施すべきことはもちろんです。しかし現実には切迫した時間の中で、有限の医療資源の分配を行わねばなりません。

このような場面でトリアージ(triage)と呼ばれる考え方があります。治療を必要とする患者を緊急度に応じて選別し、病院への搬送や治療を行う優先順位を決めるという発想です。緊急度の高い患者には赤色のタグ、それほどの緊急性はないが早めの治療が必要な患者には黄色のタグ、軽傷の患者には緑色のタグ、既に死亡しているか治療不可能な患者には黒色のタグを付け、赤色から優先的に搬送・治療を行うことになります。日本では阪神・淡路大震災以来、知られるようになりました。

このトリアージの考え方の背景にあるのが、功利主義です。「最大多数の最大幸福」という、イギリスの哲学者ベンサムの言葉は有名ですが、功利主義の原則は、社会全体の幸福や富の総量をできるだけ大きくすることに置かれています。トリアージの考え方は、「負傷者の最大多数に対して最良の結果を生み出すことが災害医療の目標である」という倫理観に基づいています。

それでは、次のような例はどうでしょうか。酷暑のなか、一〇〇〇キロの食糧を積んだトラックが災害に襲われた地域に向かっています。予期せぬ悪路のために時間がかかり、地域の全員に食糧を配ろうとすると確実に四〇〇キロの食糧が腐ってしまいます。しかしもし途中でトラックを止め、地域の七〇％の住民にすべての食糧を渡すならば食糧の損失はほぼゼロで済みます。こうした状況でどちらの選択肢を選ぶべきでしょうか。

前者を選べば、配給される総食糧は六〇〇キロに減ってしまいますが、全員に食糧が行き渡ります。一方、後者を選べば配給される総食糧は一〇〇〇キロのままですが、七〇％の住民しか食糧を得ることができません。地域に配給される総量が大きい後者の選択は、前者に比べて、「最大多数の最大幸福」を目指す功利主義的な考え方に近いと言えるでしょう。

二つの例は、災害場面での緊急の意思決定という点で共通していますが、功利主義的な選択肢をとることがどの程度私たちの素朴な直感になじむかという点では違いがあるかもしれません。

限られた資源をどのように分けるかという問いは、分配の正義(distributive justice)の問題として知られています。分配の正義については、これまで法・政治哲学や倫理学を中心に「あるべき分配のかたち」が論じられてきました。功利主義のように、哲学・倫理学の「規範的な立場」からの論考は、実社会でのさまざまな分配の意思決定に指針を与えてくれます。

しかしその一方で、「〜べき」を指令する正義・規範（先ほどの例では、「総量が最大になるように食糧を配給すべき」）が、「〜である」「〜する」という人々の素朴な認知・行動（実際にトラックを止めて、七〇％の住民にすべての食糧を配る）とどの程度なじむのか、どう関連するのかについては、まだほとんど分かっていません。

図 5-1　アメリカやヨーロッパで行われた最後通告ゲームでは，ほぼ平等な分配が提案される

最後通告ゲーム

そこで、本書でも繰り返し言及した実験ゲームを用いた研究を手がかりに、分配の正義が、人々の実際の行動とどう関わるのかを考えてみましょう。

手始めに次のような実験場面をイメージしてください。互いに未知のAさん、Bさんがペアにされ、二人の間で一万円を分ける経済実験に参加します（図5-1）。実験は二つのステップで進みます。最初にAさんが実験者から一万円を渡され、「分け手」として一万円の分配方法について、Bさんに提案するように言われます。次にBが「受け手」として、Aの提案を受け入れるか拒否するかを決定します。もしBがAの分配提案を受け入れるなら双方の取り分はそのまま確定しますが、納得せず拒否した場合には、双方の取り分とも〇円になってしまいます。

Bは A の提案内容をいっさい変更できず、受け入れるか否かを決めるだけなので、この実験ゲームは、最後通告ゲーム(ultimatum game)と呼ばれます。実験では、このゲームをただ一回だけ、分け手、受け手の役割を交換せず、コミュニケーションなしで行います。さて、どのような分配のパターンが見られるでしょうか。

この極めて単純な実験ゲームは、経済学者や心理学者を中心に、世界各地のラボでこれまで何千回と実施されてきました。結果もまた単純明快です。日本、アメリカ、ヨーロッパなどでこの実験を行うと、Bに金額の四〇~五〇%を渡す、ほぼ平等の分配がもっとも頻繁に提案され、受け手もその提案をほぼ確実に受け入れます。二〇%を下回るような少額の提案はまれであり、また行われたとしても多くの場合に拒否されます。

人間はホモエコノミクスらしく振る舞うか

読者の皆さんは、この結果を聞いてアタリマエと思われるでしょう。「常識的」に考えれば、そこにはなんの驚きもありません。しかし、この結果は、経済学の伝統的な「ホモエコノミクス（経済人）モデル」からすれば驚きと言えます。なぜでしょうか。

人は、他人の受け取る利得には一切関心なく、自分の利得を最大化することにしか注意を払わない「ホモエコノミクス」だと仮定しましょう。この場合、受け手Bは提案を拒否してしまえば元も子もなくす以上、一円以上のいかなる金額も受け入れるはずです。また、このゲームは匿名で、しかもただ一回しか行われない分け手にとって後顧の憂いのない状況です（後で文句を言われたり、評判が下がったりする可能性もありません）。したがって、そのことを「読み切った」同じくホモエコノミクスであるAは、「自分に九九九九円、相手に一円」という分配を提案するはずです。

もちろん、私たちはこうした「アンフェア」な分配が決して起こらないことを直感的に理解できます。また実験の結果も、その直感と一致しています。その意味で、皆さんは「こんな実験はやってみるまでもない」と思うかもしれません。しかし本当にそうでしょうか。

図 5‒2　最後通告ゲームが行われた 15 の小規模社会（Henrich, J. et al., 2005 より一部改変）

平等な分配は普遍的？

人類学者のヘンリックを中心とする研究チームは、これまでの実験ゲーム研究のほとんどがアメリカ、ヨーロッパ、日本などの大規模産業社会でしか行われていないことを問題だと考え、世界各地の一五の小規模社会（多くても人口数百名程度の部族や村落）において、最後通告ゲーム実験を実施しました（図5‒2）。

これらの社会は、南アメリカやアフリカ、東南アジア島嶼部などを居住地とする、いずれも小規模な部族・村落で、主たる生業のかたちも狩猟採集、園芸農業、遊牧などさまざまでした。実験の参加者は、それぞれの社会での約一〜二日分の収入に当たる金額を分配する最後通告ゲームを、同じ村落の「匿名の相手」（誰だか分からない相手）とペアにされて、ただ一回だけ行いました。

図5-3に実験の結果を示しました。図の見方を説明します。縦軸に示しているのが小規模社会の名前です。横軸は、受け手（Bさん）への分配の比率、●の大きさはその分配比率がどのくらいの頻度で見られたかを表し、大きいほど頻度が高いことを示しています。左から伸びる灰色の棒の右端が、平均値に相当します。小規模社会と比較するために、ピッツバーグのアメリカ人大学生参加者の分配提案が上から三番めに表示されていますが、もっとも多い分配比率は〇・五、次に多いのが〇・四、平均値が〇・四五くらいであることが分かります。

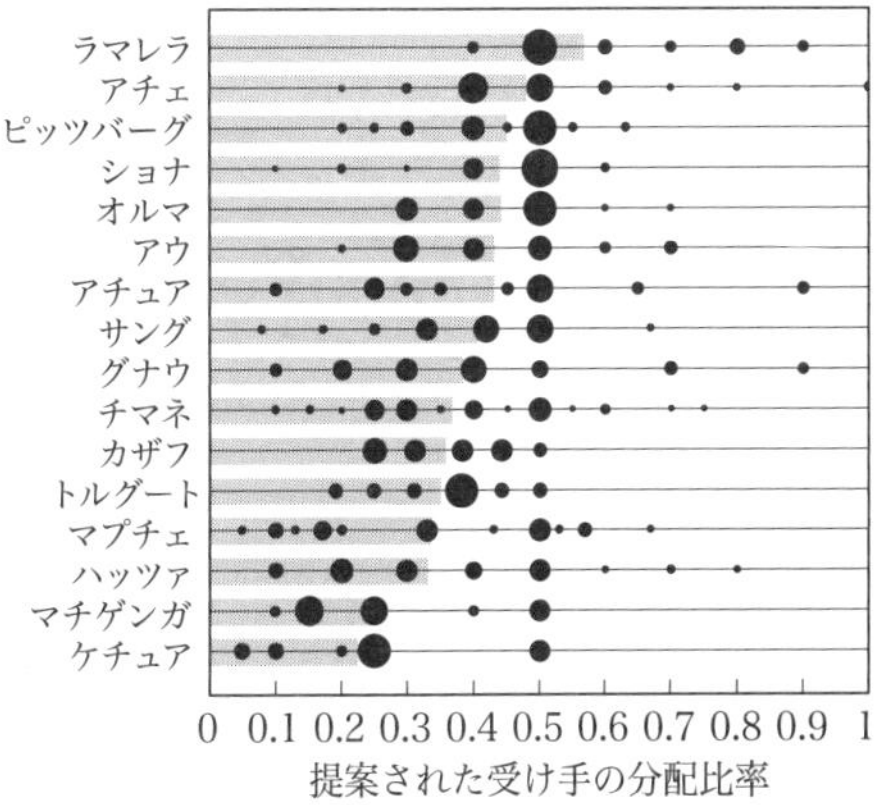

図5-3　15の小規模社会における最後通告ゲーム実験の結果（Henrich, J. et al., 2005より改変）

ピッツバーグの大学生たちの結果は「産業社会における分配比率がどこで実験しても四

図5-4　狩猟採集を主とする小規模社会で行われた最後通告ゲームでは，提案者の取り分の多い分配が提案される

○～五○%だった」ことと一貫しています。しかし、図5-3を見ると、それ以外の一五の小規模社会における分配には極めて大きなばらつきがあることが分かります。たとえば、下から二番めの、南米ペルーのマチゲンガ族では一五%を渡す提案がもっとも多かったのに対して（平均値は二六%）、いちばん上の、インドネシア島嶼部にあるラマレラ村では五○%という提案がもっとも多かったのです（平均値は五七%）。「どこで実験しても人間はみな同じ」では全くないのです。

興味深いことに、分配提案額の違いは、その社会がどのくらい市場経済に統合されているか、日常場面でどのくらい協力が行われているかといった、「社会全体のマクロな特徴」の違いによって統計的によく説明できました。たとえば、狩猟採集を主とするハッツァ族（下から三番め）の社会では、マーケットでの交換がほとんど行われないのに対して、遊牧に携わるオルマ（上から五番め）の社会では、家畜の売買や賃金労働が頻繁に行われています。図から分かるように、市場統合がなされているオルマの社会の方がハッツァの社会より、平等に近い「フェア」な分配提案が行われています。その一方で、年齢、性別、教育を受けた期間、同じ社会の中で比べた時の富（家畜・現金・土地）のレベルなど、一人一人の「個人としてのマイクロな特徴」の違いは、個人間での分配提案のばらつきを統計的にほとんど説明できませんでした。

分配の規範は文化によって異なる

このような比較文化実験は、私たちがふだん当然だと考えている分配の原理が、社会・文化レベルの要因によって規定されているという重要な事実に気づかせてくれます。「どのように分けるのが適切か」に関する分配規範は、生業のかたちを始めとする社会の生態学的な構造に依存するのです。

私たちが住んでいる産業社会ではどこで実験しても平等分配がもっとも観察されるという結果は、マーケットという特殊な文化的文脈のもとで理解できます。市場経済化が進んでいる社会ほど「フェア」な取引が文化規範となっているということです。未知の相手との取引が日常的に行われる「市場型の社会」では、誰に対しても分け隔てなく「フェア」に振る舞う個人は、信頼できる取引対象として、良い評判を獲得することができます。その一方、「アンフェア」な個人は、直近では得をしても、長い目で見ると取引相手としてほとんど選ばれなくなるでしょう(第3章で論じた評判のメカニズムを思い出してください)。

最後通告ゲーム実験の状況を考えてみましょう。参加者は、作業量や貢献量に違いがあったわけではなく、ただランダムに受け手と分け手の立場に割り振られただけです。そのような場面で分配を行うとき、「等しきものは等しく」という「市場の倫理」が、産業社会で生きている私たちにとって、ごくアタリマエの文化規範として自然に作用します。分配の受け手も、分け手がその規範を共有していることを、「ごくふつう」に期待しています。したがって、期待に反する「アンフェア」な提案を受けたら、当然、頭に来て感情に流され、相手からの「最後通告」を断固として拒否することになります。分け手も、受け手のこうした感情の動きを予測できるので、自分の首を締める結果に繋がる「アンフェア」な提案は行いません。

事実、脳イメージングの研究から、「アンフェア」な提案をされたときの受け手の脳では、怒りや嫌悪の感情、痛みと関連する前島が賦活することが示されています（本書で何度も登場したおなじみの脳部位です。96ページの図4-3を参照してください）。また、その賦活量が大きい参加者ほど「アンフェア」な提案を拒否し、二人がそろって〇円となる「非功利主義的」な結果をただちに選びやすいことが知られています（富の総量を重視する功利主義の観点からは、二人の利得が〈九九九九円、一円〉で格差があっても、そろって〇円よりはマシという判断がなされます）。

しかし市場での取引とは無縁の伝統的な社会では、血縁や特定の相手を重視する（大事にする）行動こそがむしろ「正義」であり、誰に対しても等しく振る舞う普遍主義者は、かえって「許しがたい不道徳」な存在（集団に対する裏切り者、恩知らず）と見なされるのかもしれません。

道徳規範というシステム

モラルが文化によって異なるというポイントをもう少し拡張してみましょう。

表5-1　市場の倫理と統治の倫理の特徴(ジェイン・ジェイコブズ著，香西泰訳『市場の倫理 統治の倫理』ちくま学芸文庫，2016年より．一部順序を入れ替えている)

〈市場の倫理〉	〈統治の倫理〉
他人や外国人とも気やすく協力せよ	排他的であれ
暴力を締め出せ	復讐せよ
正直たれ	目的のためには欺け
自発的に合意せよ	取引を避けよ
競争せよ	名誉を尊べ
契約尊重	位階尊重
創意工夫の発揮	忠実たれ
新奇・発明を取り入れよ	伝統堅持
効率を高めよ	剛毅たれ
快適と便利さの向上	勇敢であれ
目的のために異説を唱えよ	規律遵守
生産的目的に投資せよ	気前よく施せ
勤勉なれ	余暇を豊かに使え
節倹たれ	見栄を張れ
楽観せよ	運命甘受

アメリカのジャーナリストだったジェイコブズは、古今東西のモラルは、大きく「市場の倫理」と「統治の倫理」という二つの体系に分けられるという(大胆な)主張をしています。市場の倫理とは、読んで字のごとく、自由な取引を重んじる商人型の道徳規範です。一方、統治の倫理とは、政治・権力関係に基づく秩序を重んじる官僚・軍人型の道徳規範です。

ジェイコブズはこれらのモラルの特徴を、表5-1のようにまとめています。一見して、それぞれの倫理を構成するとされる価値・信念が互いにほぼ対称であることが分かります

(完全に対称かどうかは措くとしても)。たとえば、商品を買ってくれるお客は、商人にとって肌の色が違っても歓迎ですが、官僚・軍人にとっては敵味方の線引きこそ重要です。同様に、暴力を行使する商人は市場から締め出されますが、軍人はそれを職業としています。

ジェイコブズの主張のポイントは、内集団と外集団の線引きをするか、武力を容認するか、正直さを尊ぶか、伝統かイノヴェーションか……といった個々の価値や信念の違いを超えて、二つのモラルの体系が、「生き残りのためのシステムとしてそれぞれ統一的なまとまりを作っている」という点にあります。この見方は、第1章で論じた、生き物をシステムとしてとらえる考え方とも共通します。

ジェイコブズの「古今東西のすべてのモラルはこの二つの型にまとめられる」という主張そのものは、おそらく単純にすぎるでしょう(同僚の倫理学者・哲学者たちの猛反発が目に浮かびます)。しかし、社会における道徳規範とは、平和で安定した協力関係をどのように作るかというホッブズ以来の問い(秩序問題 problem of order)を解く「生き残りのためのシステム」であり、それぞれの文化における道徳規範は、「秩序問題への異なる解き方」(異なる社会の作り方)である、という論点には、傾聴すべきものがあると思われます。

進化ゲームでみる倫理の衝突

経済学者の松尾匡教授、生物学者の巌佐庸教授らのグループは、進化ゲーム(evolutionary game)と呼ばれる数理モデルを用いて、ジェイコブズの議論の一部を検証しています。進化ゲームとは、さまざまな行動を「戦略」として定式化したうえで対戦させ、ほかと比べて利益の上がる戦略が次第に集団で増えていくという、生物進化とのアナロジーから集団のダイナミクスを調べようとするアプローチです。

松尾教授らのモデルでは、ジェイコブズと同じように、他者とのやり取りに関する倫理に、「商人道」(内集団びいきをせず、外部のメンバーとも等しくつきあうことを奨励)、「武士道」(外部メンバーと協力することは望ましくない)の二種類を設定しました。ゲームの中には、商人道・武士道それぞれの規範に従って振る舞うプレイヤーと、誰に対してもいつも非協力に振る舞う「社会的寄生者」の三種類が多数いると考えてください。それぞれのプレイヤーは、ほかのプレイヤーとランダムにペアにされ、相手に協力するか裏切るかを決定するゲームを、いろいろな相手との組み合わせで多数回行います。もちろん、相手から協力されれば利益を得ることができますが、自分が協力するのにはコストがかかります。

　このときプレイヤーは、自分の手を決めるうえで、ペアにされた相手の「評判」(当の相手が、「ほかのどのようなプレイヤーに、過去どれだけ協力的だったか」に基づく評判スコア)を知ることができます。商人道プレイヤー、武士道プレイヤーとも、相手の過去の評判が良ければ協力する点では同じです。しかし、評判には、商人道に基づく評判、武士道に基づく評判の二つが併存する点がポイントで、武士道プレイヤーは武士道的評判の良い人にだけ協力、商人道プレイヤーは商人道的評判の良い人にだけ協力、その一方で、社会的寄生者はどのような相手にも協力しないというのが、モデルの構造です。

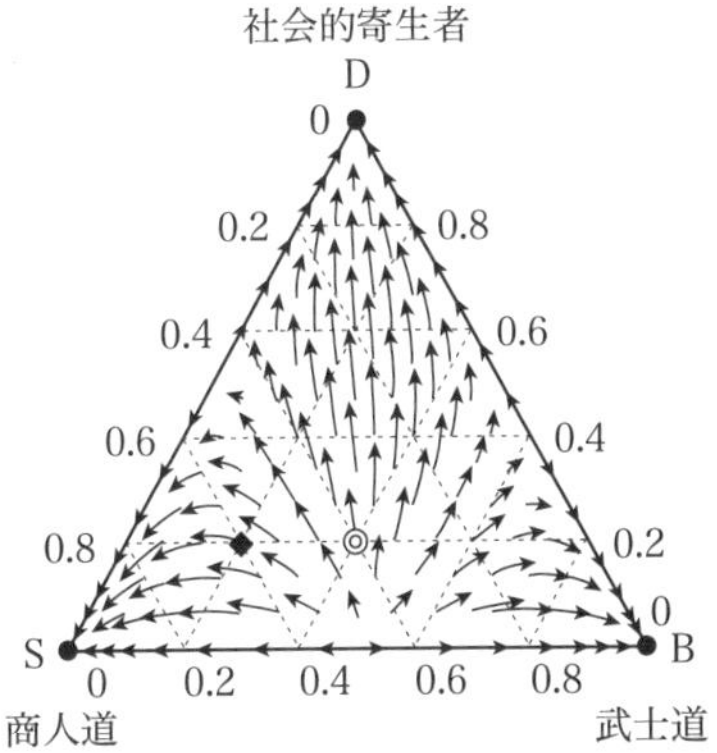

図 5-5　商人道プレイヤー・武士道プレイヤー・社会的寄生者が混在する進化ゲームの解析．商人道か武士道のどちらか一方のプレイヤーが大多数の場合は安定した協力関係を作ることができるが，入り交じると不安定になる(Matsuo, T. et al., 2014 より一部改変)

　このようなモデルを使って、どの戦略がほかと比べて利益が上がり、集団内で「進化」するのか(=増殖して安定するのか)を、数理的な解析により調べたのです。図5-5にモデルの解析結果を示しました。図の見方を説明します。集団には、武士道プレイヤー(B)と商人道プレイヤー(S)、さらに誰に対してもいつでも非協力の社会的寄生者(D)がいます。それらの割合は加えて一なので、ある時点での集団におけるプレイヤーの割合を三角形の領域の上に表すことが可能です(たとえば、◆は商人道六〇%、武士道二〇%、社会的寄生者二〇%の状態を意味しています)。

図では、集団における各プレイヤーの割合の変化方向が矢印で示されています。図から分かるように、武士道プレイヤーが大多数を占める集団(右下)も、商人道プレイヤーが大多数を占める集団(左下)も、それぞれに安定して、高い協力レベルを維持することができます。社会的寄生者が多い集団(上)も安定ですが、皆が寄生者なのでその集団では協力が成立しません。

言い換えると、商人道、武士道ともに、秩序問題を解き「平和で安定した協力関係」をそれぞれ築くことが可能だという結果です。しかし、両者が入り交じった状態は安定ではありません。たとえば、図の◎のような状態(商人道四〇%、武士道四〇%、社会的寄生者二〇%)は、矢印の示すように、誰も協力しない社会的寄生者が一〇〇%の集団状態に次第に収束してしまいます。

倫理がそれぞれ一つだけであれば協力的な社会が実現できるのに、二つの倫理が拮抗すると互いにいがみ合って社会の協力が崩れてしまう、という結果はとても示唆的です。

効用関数というモデル

分配をめぐる道徳規範には文化差があり、社会が市場経済に統合されている程度など、それぞれの社会の置かれた生態学的な環境に応じて大きく異なることを見てきました。しかし、その一方で、図5-3に示したどの小規模社会においても、相手に一%、自分に九九%といった極端に格差のある分配は観察されていません。

最後通告ゲームを始めとするさまざまなゲーム実験の結果を承け、行動経済学者のフェアらは、自分の利益にしか関心のない古典的なホモエコノミクスモデルと異なり、「そもそも人は自他間の不平等に無関心ではいられない社会的存在である」と論じています。

フェアらは、ある分配の仕方に対する人の評価(受け入れるか、受け入れないかなどの評価)が、

図5－6のような効用関数(utility function)をもとに近似できると提案しています。効用(utility)とは人が財や商品の消費から得る満足の水準のことを言い、効用関数とは財や商品の量に応じて満足がどう変化するかを示したものです。

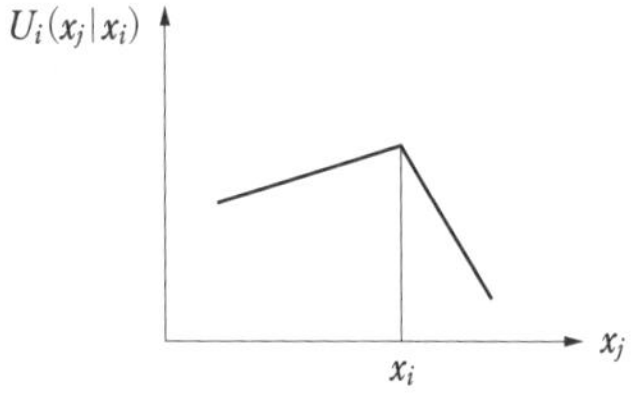

図5–6　フェアらによる効用関数 $U_i(x_j\mid x_i)$のモデル化．人は不平等を嫌い，自分が不利な場合はそれが顕著になる(Fehr, E., & Schmidt, K. M., 1999より一部改変)

図5－6では自分の取り分をx_iと固定したうえで、横軸に相手の取り分x_jを、縦軸にさまざまな分配(自分x_i、相手x_j)の効用を$U_i(x_j|x_i)$として、効用関数の形を例示しています。図から分かるように、自分と相手が全く等しい金額($x_j=x_i$)を受け取るときに、効用は最大になっています。

また、相手が自分よりも小さい金額($x_j<x_i$)を受け取る場合(グラフ左側)に比べ、相手が大きい金額($x_j>x_i$)を受け取る場合(グラフ右側)に、効用の減り方がよりきつく表現されています。こうした減り方の違いは、同じ不平等でも、自分が相手より不利な場合(disadvantageous inequity)のほうが、自分が有利な場合(advantageous inequity)よりもいっそう強く嫌が

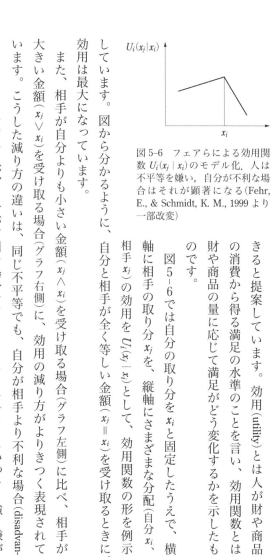

られるという、経験的な事実を表現しています。

この効用関数が、人間の実際の選択行動をどの程度うまく表現できるのかについては、現在もなお論争が続いています。しかし、フェアらのモデルは、経済学に留まらず、心理学や政治学、人類学を含む今日の社会科学全般に大きなインパクトを与えています。

格差を嫌うヒトの脳

興味深いことに、人を対象とする脳イメージング実験から、自分と相手の間の不平等が改善される（格差が減る）と、腹側線条体（ventral striatum）などの「報酬系」と呼ばれる脳部位が賦活する（「快」と感じられる）ことが分かっています。しかも、その不平等が自分にとって不利だった場合だけでなく、有利だった場合でも働くことが明らかになっています。

こうした事実は、フェアらの主張と一貫して、相手との不平等は不快に感じられる一方、格差が低減することは「快」（報酬）として経験されること、そして報酬系が「公正」を支える神経基盤の一つとして働くことを示しています。こうした格差を嫌う心の働きは、たしかに分配の正義を実現することに役立つでしょう。

しかしその一方で、自分よりも優れた相手が失敗する場面を見たときにも、観察者の脳の報酬系が賦活するという実験報告もあります。優れた相手の失敗(不幸)は、相手との格差が減る事態を意味するため、とくに「蜜の味」と感じられるのです。逆に、たとえ自分の所得が上昇しても、他者の所得がもっと急激に上がる場合には、却って人は不幸を感じるという、相対的剝奪(relative deprivation)と呼ばれる現象も、社会学では昔から知られています。さらには、大きな経済的格差が存在する社会ほど、さまざまな病気・疾患への罹患率や死亡率などの統計が高いという事実が、世界各地での多くの疫学調査から報告されています。経済的格差の存在はストレスとなり、人々の寿命を縮めるという結果です。格差や不平等を嫌う人間の心性は、相手の成功への嫉妬や競争心、社会からの疎外感や病気などのネガティブな側面とも切り離せないことが分かります。

このように、良い意味でも悪い意味でも、他者との比較をつい行ってしまうヒトの(そしてヒト以外の霊長類やほかの哺乳類の一部にも共通する)敏感な性質は、「心の社会性」の根幹部分に位置しています。こうした心性は、分配の正義を考えるうえで見逃すことのできない基礎的な事実と言えるでしょう。

3. 社会の基本設計をめぐって――ロールズの正義論

どちらの所得政策が優れているか

これまでは、最後通告ゲームなど、二者間の分配についてのゲーム実験を中心に、人々のマイクロな「正義感」や公正の感覚がどのような心理的・社会的基盤をもつのかを検討してきました。次に、社会全体における、よりマクロな富の分配の仕方について考えてみましょう。

マクロな分配に関して、二つの所得政策があるとします。単純化のために、社会が所得の面で、三つの階層に三分の一ずつ分かれるとしましょう。

政策Aを採れば、各階層の一年あたりの家計所得は今後五年間、平均でそれぞれ二五〇万円、五〇〇万円、一二〇〇万円に、政策Bを採用すれば、それぞれ三五〇万円、四五〇万円、九〇〇万円になることが見込まれます（表5-2）。もし自分が政策決定者の立場にあるとし

表 5-2　思考実験における分配の例

	下　層	中間層	上　層
所得政策 A	250 万円	500 万円	1200 万円
所得政策 B	350 万円	450 万円	900 万円

たら、どちらの政策を採用すべきでしょうか？　またその決定は、どのような哲学・理念に基づくものでしょうか？

社会全体の幸福や富の総量をできるだけ大きくすることを重視する「功利主義」の哲学に基づけば、多くの人々に多くの所得をもたらす政策A（平均所得は六五〇万円）の方が政策B（平均所得は五六七万円）よりも優れています。また、政策Aを採れば、平均所得が増すことによって消費が活発化し、社会全体の景気が改善されるという二次的な効果も期待できるかもしれません。このような功利主義の倫理に基づく議論に対して、当時ハーバード大学にいた哲学者のロールズ（図5-7）は、まったく異なる考え方を展開しました。

ロールズが一九七一年に公刊した『正義論』*A Theory of Justice* は、二〇世紀の「規範的な正義論」の中でもっとも重要な著作の一つだと言われています。以下に短くスケッチするように、ロールズの議論は、社会全体の統治や立憲のあり方を構想する法・政治哲学の議論であり、権利や自由、富や地位を含む、資源のあるべき分配のかたちについて論考したものです。

ロールズの思考実験

ロールズは次のような思考実験をもとに論を進めます。いささか複雑な議論ですが、お付き合いください。

私たちが、「社会における分配のかたち」についてまったくのゼロから構想することのできる状態――原初状態(original position)――にいるとしましょう。ロールズは、この状態で、私たち全員が、無知のヴェール(veil of ignorance)なるものを頭にかぶっていると仮定します。

図 5-7 ジョン・ロールズ(1921–2002)(写真：Frederic REGLAIN/GAMMA/アフロ)

無知のヴェールとは、中立で公正な判断を行うために、ロールズの考えた概念的な仕掛けです。このヴェールをかぶると、自分に関するあらゆる事実(人種・階層・地位・財産・能力・年齢・性別・健康状態などを含む一切の個人的な属性)を知ることができなくなります。社会における自分の立ち位置がまったく分からないわけですから、自分にとって有利な分配のかたちを追求することは不可能になります。たとえば、自分の地位、財産、能力が全くわからない以上、所得の大きい者ほど税率が大きい累進課税を是とするか否とするかについても、自分にとっての有利さをもとに考えることはできません。

このような原初状態において、人々はどのような分配原理を望ましいと考えるのでしょうか。ロールズは、自分への個別配慮が不可能な無知のヴェールのもとで、人々が自発的・民主的に選択する分配のかたちは、「万人を等しく公正に扱う正義の原理」となるはずだと論じました。

「最小を最大に」で合意する?

本章の扱う富の分配に限定して単純化すれば、ロールズの思考実験は次のように進みます。

①無知のヴェールのもとで自分の個人属性について一切知ることができないとき、人は、社会の中でもっとも不遇・悲惨な立場(ミニマムの立場)に自分が位置する可能性に目を

向ける(懸念する)ようになる。

②その結果、人は、「最不遇の立場を最大に改善する分配」のかたちを、自分にとって、もっとも好ましいものと考える。

③全員がそう考える結果、「社会の中でもっとも不遇の人々にとっての利益を最大化する政策」を生み出すような基本原則が、正義の原理として「全員一致」で合意される。すなわち、最小(minimum)を最大化(maximize)するマキシミン原理(Maximin principle)が、社会を作る基本原則として合意される。

先ほどの所得政策の選択に立ち戻って、議論の道筋をもう一度確認してみましょう。最不遇な階層の所得は、政策Aが採られた場合には二五〇〇万円、政策Bが採られた場合には三五〇〇万円です。二つの所得政策のうち、最不遇層の所得を相対的に改善する選択肢は、政策Bになります。したがって、無知のヴェールのもとで、最不遇の立場に陥る可能性を考えるようになった人々は、マキシミン原理に沿った所得政策Bを全員一致で採択します(なお、ロールズの思考実験は本来、こうした個別の選択問題を扱うものではなく、社会の設計や統治・

立憲の基盤となる「正義の原理」を構想するものでした。ここでの例は、あくまでも例示として考えてください)。

さて、先に述べたように、ロールズの無知のヴェールとは、「中立で公正な立場」から人々に分配問題を考えさせるための、人工的な仕掛けでした。こうした人工的な仕掛けを正義の原理を導くのに使うことがそもそも妥当と言えるのか、また妥当だとしても、無知のヴェールのもとで自分が最不遇の立場に陥る可能性を人々がもっとも重視すると言えるのかなど、この思考実験には多くの批判が寄せられてきました。しかしそのような批判を超えて、ロールズの展開した「正義」の概念は、法・政治哲学や倫理学に留まらず、人文社会科学のさまざまな領域に、また同時代の人々に対して、今日もなお大きな影響を与えています。

それでは、ロールズの規範的な「〜べき」の議論は、人々の実際の分配行動(〜である、〜する)とどう関係するのでしょうか?

無知のヴェールのかぶせ方

ロールズの思考実験の正しさを経験的にテストすることは非常に困難です。そもそも無知のヴェールを具体的にどうしたらこの世界に実装できるのでしょうか。人々の自分に関する知識をゼロにすることは、実際にはほぼ不可能です。また、実証の場面で取り上げる選択問題は、ロールズの目指した「統治・立憲の基盤」といった水準ではとうてい不可能で、具体的な個別の問題に設定せざるを得ません。こうした難点はあるものの、今日までに、ロールズの議論と人々の実際の分配行動の関係を検討しようとする実験研究がいくつか行われています。

その中でももっとも古典的な研究は、実験経済学者フローリックとオッペンハイマーが行った一連の実験です。彼らは、実験室に無知のヴェールを近似した所得分配場面を作り出し（実験室にいくつかの社会階層を作り、そのどれに自分が属するのかを実験参加者に知らさないなどの方法を使って）、人々がマキシミン原理に沿った「最不遇者の利益を最大化するような分配方法」を「全員一致」で採択する

図 5-8　目隠しをした正義の女神のように，無知のヴェールをかぶれるのか

かどうかを検討しました。

実験の結果、人々は分配方法について合意できるものの、最不遇の立場だけではなく、社会全体の総利益(功利主義的基準)についても同時に考慮した、「折衷的(妥協的)な分配原理」を選ぶ傾向が強く見られました。人々がもっとも支持したのは、「最低所得額を保障したうえで、社会全体の平均所得を最大化する」という分配方法でした。こうした実験結果は、私のチームの研究からも再現されています。

このような実験の結果をどう評価するかは、無知のヴェールを実験室にうまく作り出せたかどうかにかかっています。もしフローリックらの意図通りに無知のヴェールを実験室にうまく作り出せた(実験参加者が自分の一切の個人属性を知り得ない)と考えるなら、実験の結果はロールズの議論とたしかに整合しません。マキシミン原理に沿った分配方法は全員一致では採択されなかったのです。しかし無知のヴェールの実装に実験で失敗していたのなら、その結果はロールズの議論に対して何の証拠も提供しません。前提となる「原初状態」を作り出せなかったのだから、マキシミン原理が選ばれないという結果はまったく当然だということになります。

無知のヴェールの実装がうまくいったかどうかを評価する有効な手段がない以上(どうやったら評価できるのか、私には見当がつきません)、こうした実験からは、解釈上の水掛け論を乗り越えることは、不可能のようにさえ思われます。この意味でロールズの正義の構想は、実証や経験的事実とはそもそも対応しようのない、「〜である」とは独立の「純粋な規範の世界」に属するものなのでしょうか?

分配とギャンブルの関係

右で述べたような困難は、無知のヴェールを実験室に作り出そうとする試みそのものから生まれます。水掛け論から逃れられないとしたら、いっそ「作り出そう」という試みをやめてはどうでしょうか? 私たちはそう考えて、次のような実験を行いました。

ロールズは、無知のヴェールという人工的な仕掛けを使うことで、分配の正義の問題を、「不確実性のもとでどのように意思決定を行うのか」という問題の枠組みに変換しました。

しかし、「社会的な分配」と「不確実性への対処」という二つの課題は、無知のヴェールがなくても、ヒトの進化史を通じて(狩猟採集社会から近代社会に至るまで)、そもそも近い関係にあると考えられます。たとえば、狩猟採集社会では、狩りの獲物は非血縁者を含む集団全体で平等に近い形で分配されます。狩猟に出かけることが、獲物の得られない可能性をはらんだリスキーな行為であることを考えると、集団全体としての「平等分配」の仕組みは、獲物の供給にどうしても伴う不確実性を統計的に減らす「リスクヘッジの装置」として機能します。近代社会における社会保障制度や所得再分配の仕組みも、不慮の事故や不遇に対するリスクを、集団全体として減らすセイフティ・ネットとしての装置です(第3章のチスイコウモリの血の分配の話を思い出してください)。

こうした進化的な背景は、分配に関する意思決定と、リスクを含む意思決定という二つの課題が私たちの生存に照らして互いに近い関係にあり、心理的にも共通の基盤のもとに組み込まれているという可能性を示唆するものかもしれません。つまり、無知のヴェールという人工的な仕掛けを使わなくても、「社会的分配に関する意思決定」と「リスクを含む意思決定」(ギャンブルなどがその代表例)という状況では、人々はともに、ロールズが論じるような最不遇・最悪の状態に最大に留意する「マキシミン的な思考」を自発的に行うのではないか、という可能性を私たちは考えました。人々がふだんほとんど結びつけることのない、ギャンブルと社会的分配という二つの意思決定が、共通してリスクヘッジが重要になるという点で、心の中で機能的につながっているのではないか、という論点です。

分配するなら？　ギャンブルするなら？

そこで次のような実験をやってみました。同一の参加者に、社会的な分配課題とギャンブル課題の両方に回答してもらい、課題を行っている間の思考のプロセスを調べるという実験です。

実験参加者は、三つの選択肢から一つを選ぶ選択問題を、四〇問ずつ、一定の間隔を置いて回答しました。実験は二つのシチュエーションで行われ、一つは別室で全く別の実験に参加している未知の三人に対する報酬を決定する分配問題として、もう一つは自分自身のギャンブル問題として実施されました。

分配問題では、選択肢は、図5-9(a)に示したような形で表示されます。選択肢は三種類あり、図の例では上から順に、①最悪(ミニマム)の結果が相対的にもっともマシな、マキシミン原理に沿ったロールズ主義的選択肢、②格差やばらつきがもっとも小さい、ジニ係数の点で優れた平等主義的な選択肢、③総額の点で優れた功利主義的な選択肢、となっています。図中の数字は、金額（円）を表しています。未知の三人へ報酬を分配するとしたら、このなかからどの分配方法を選ぶか、と問われるわけです。ギャンブル問題では、図の三つの数字が、それぞれ確率三分の一で

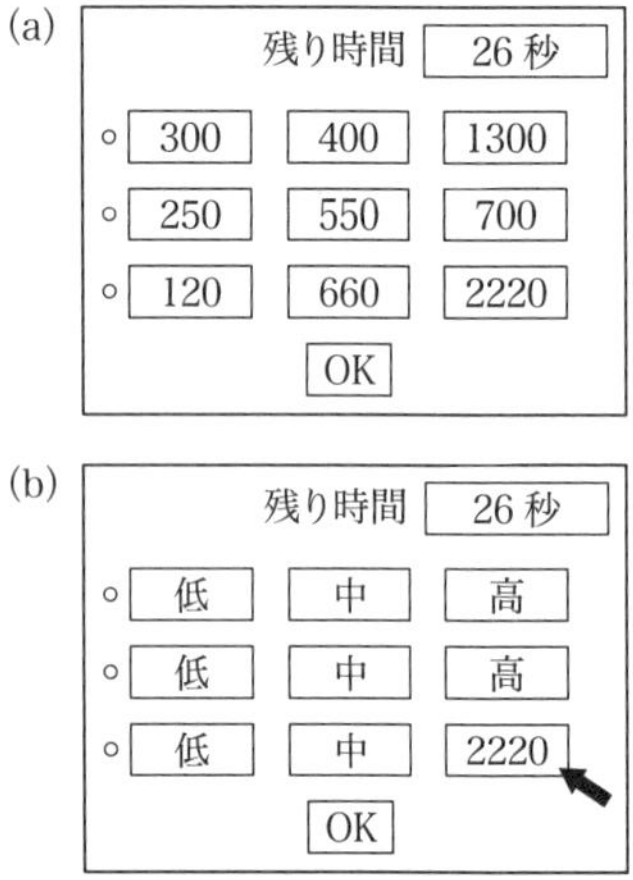

図 5-9　マキシミン原理の心理的基盤を探る実験での選択画面. 図中の数字は金額(円)を表す (Kameda, T. et al., 2016 より一部改変)

起きるくじとして表示され、もし自分がギャンブルをするなら、どのくじにするかを選んでもらいました。

ただし、実際に参加者が見たコンピュータ画面は、図5-9(b)のように数字が隠されており、低・中・高のラベルにより大小関係だけが分かるようになっています（低はその選択肢の中で一番低く、中は中間、高がもっとも高い金額であることを示しています）。参加者は、手元のマウスで、画面上のカーソルを見たい箱に動かすと、その箱の数字のみを見ることができます。

カーソルを箱から外すと、再び数字が隠れるようになっています。こうすることで、参加者が意思決定までにどの情報をどういう順番でチェックしたかが分かります。

なお、分配問題で選ばれた金銭報酬は別室のA、B、Cさんに、ギャンブル問題に基づく報酬は参加者本人に、それぞれ実験終了後にキャッシュで支払われました。

分配とギャンブルの選択は連動する

さて実験の結果はどうだったのでしょうか。

マキシミン原理に沿った選択肢（図５―９(a)では一番上）をもっとも頻繁に選んだ実験参加者（ロールズ主義者）の比率は、他者への社会的分配場面では全体の四七％（自分自身のギャンブル場面では三七％）に留まり、ロールズの想定する「全員一致の支持」にはほど遠い頻度でした（表５―３参照）。それに対して、平等主義的選択をもっとも頻繁に選んだのは二〇％（六％）、功利主義的選択をもっとも多くした人は三四％（五八％）でした。実験参加者の選択には、どちらの課題でも大きな個人差・ばらつきが観察されたわけです。

しかし興味深いことに、二つの決定場面での実験参加者の選択には強い連動が見られまし

表5-3　もっとも好んだ選択肢による実験参加者(67名)の分類と割合．分配とギャンブルの選択は連動することが分かる(Kameda, T. et al., 2016より一部改変)

分配＼ギャンブル	マキシミン型(ロールズ主義者)	ジニ係数型(平等主義者)	総額型(功利主義者)
マキシミン型(ロールズ主義者)	29%	6%	2%
ジニ係数型(変動回避タイプ)	0%	6%	0%
総額型(総和重視タイプ)	18%	8%	32%

た。分配、ギャンブル場面のそれぞれでどの選択肢をもっとも多く選んだかによって、実験参加者をタイプ別に分けた結果を、表5-3に示しています。表5-3から、分配場面で総和を重視する参加者(功利主義者)は、ギャンブル場面でも総和(期待値と言っても同じ)がもっとも大きい選択肢を選ぶ傾向があることが分かります。一方、分配場面で最悪がマシであることを重視するマキシミン型の選択をする参加者(ロールズ主義者)は、ギャンブル場面でもリスクの小さいマキシミン型の選択肢を選びやすい。つまり、分配における功利主義者はギャンブル場面でリスクを取るが、ロールズ主義者はリスクを避けるという結果です。第三者としての他者への分配、自分自身のリスク下の意思決定(ギャンブル)という全く異なる課題の間で選択に共通性が見られたという結果は、二つの課題が心理的につながって

いることを示唆していると考えられます。

みんな「最悪」が気になるという共通性

選択の連動に加えて、実験参加者が決めるまでの「情報探索のパターン」にも、二つの課題の間で強い連動が見られました。選択肢が提示されてから決定に至るまでの時間を参加者・設問ごとに四分割し、それぞれの時点で、低・中・高のどの情報がどのくらいの割合でチェックされたかを検討してみました。すると、図5-10(a)のような時間推移のパターンが見られました。

ロールズ主義的、平等主義的、功利主義的のどの選択肢を好んだ参加者も、情報探索のパターンについては、分配、ギャンブルの両方の課題において、とくに決定の直前に「低」の情報をチェックする割合が共通して大きいという結果です。これらの結果は、ロールズが想定するような「最不遇状態への関心」が、全参加者を通じて、少なくとも注意や思考のレベルでは、自発的に起きていることを示しています。

さらに、脳イメージングを用いた後続の実験から、「最不遇状態への関心」を示す際、全

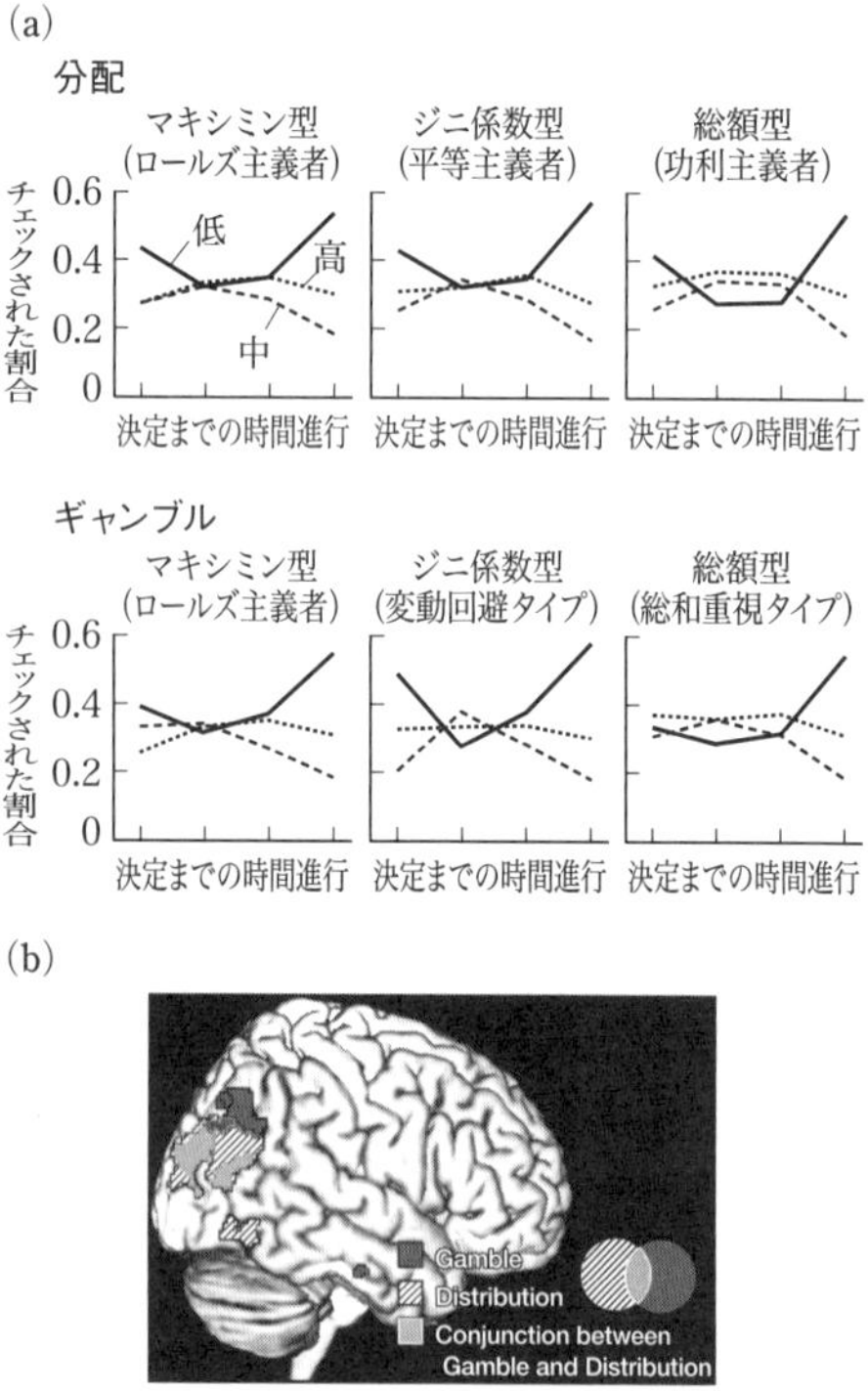

図 5-10　人は「最不遇状態」に自発的な関心を示す．(a)全参加者および2つの課題を通じて，最低額の情報は決定の直前にもっともチェックされやすい．(b)「最不遇状態」への関心を示す際に賦活した脳部位．濃い灰色がギャンブル課題，斜線が分配課題，薄い灰色が共通して賦活した箇所で，相手の視点の取得や共感性を支えるとされる右側頭頭頂接合部(RTPJ)に相当する(ともに Kameda, T. et al., 2016 より一部改変)

参加者に共通して、右側頭頭頂接合部（RTPJ: right temporo-parietal junction）が賦活することが分かりました（図5-10(b)）。この脳部位は、第4章で論じた、認知的な共感性を支えるメンタライジング・ネットワークの主要部分です（図4-6参照）。この脳部位は、直近の「いま・ここ・自分」の立場を離れて、「未来・あちら・他者」の視点を取ってみるときに働くことが知られています。脳イメージング実験の結果は、神経活動の面からも、参加者たちが「最不遇の視点を取ってみた」と言えることを意味しています。

一連の実験の結果は、たとえ無知のヴェールを人工的に設定しなくても、ロールズが思考実験でスケッチしたように、ミニマムな状態への考慮が自発的に働くことを示しています。最終的な選択自体は、功利主義的な選択からロールズ主義的な選択まで、人々の間で意見の全員一致は見られなかったものの、不遇な状態は全参加者の思考プロセスにおいて共通して、もっとも高い関心や注意、視点の取得の対象となっています。

狩猟採集社会における平等分配から、近代社会における社会保障や所得再分配制度に至るまで、社会的分配は、生存の脅威となるさまざまなリスクを、集団的に減らすための安全装置として機能しています。私たちが生きる社会生態学的環境の中で「事態がどの程度悪くなり得るのか」に気を配ることは、生き残りのための必須要件だと言えるでしょう。つまり、リスクのもとでの意思決定でも社会的分配でも共通して、人々は「不遇な状態の可能性」にとりあえず「身を置いてしまう」（その視点をつい認知的に取ってしまう）わけです。

ロールズ(的な思考)は私たちの心の中に、自然かつ頑健なかたちで存在しているようです。

4．正義は「国境」を超えるか？

「私vs.私たち」の問題

本章の冒頭で、「セーギの味方」というシラケた感覚の背景のひとつに、正義は個人を超えるか、いわんや「国境」を超えるかという疑問があることを述べました。この問いに対して、現時点までの科学的知識からどのような示唆が得られるのでしょうか。以下では、「セーギの味方」をめぐる根本的な疑問について、経験科学(～である)の立場から、筆者の考えを述べようと思います。

これまでに見てきたさまざまな知見から経験的に、少なくとも前者の「正義は個人を超えるか」という疑問については、条件付きで「イエス」という答えを出してもよさそうです。

ハーバード大学の哲学者グリーンは、ジェイコブズと同様、モラルとは生き残りのために「共有地の悲劇」を解く仕組みだと、近著『モラル・トライブズ――共存の道徳哲学へ』の中で論じています。「共有地に何頭の羊を放すことが妥当なのか」という問いは、ホッブズの提出した「人々の間でいかにして平和な暮らしを実現するのか」という秩序問題と同一です。「共有地の悲劇」のポイントは、個人の利益と、集団・社会全体の利益が一致しないという点にありました。

グリーンは、この「私vs.私たち」(Me vs. Us)という問題をうまく解決するためのやり方(=モラル)について、寓話仕立てで論じています。この寓話では、世界は、共有地から得られる利益を全員で等しく分ける「完全共産制」、共有地をやめ私有地として分割する「完全私有地制」、共有地を保ちながら羊の数を家族間で平等に(あるいは人数割りに)する「社会民主制」など、異なるモラルをもつ「部族」(moral tribes)から成ると想定されます。

自動モードで調整される正義

それぞれの「部族」では、何が望ましいか、いかに振る舞うべきかという指針が、メンバーに広く認識されています。こうした共通認識のもと、モラルの違反者に対する怒りや世間の目への恐れ、自他融合的な共感など、第3～4章で論じたさまざまな感情の働きは、人々が日常生活で自然と「部族」の規範に違反しないように振る舞うことを助けてくれます。

グリーンはこのように、それぞれの集団内での「私vs.私たち」をめぐる個人間対立は、自然な感情を基盤とする、自動モード(automatic mode)により解かれていると論じます。自動モードとは、あれこれと考えなくても立ち上がってくる(勝手に動いてしまう)生理・心理・行動のプロセスのことを指しています。第3章で見た「人情家」的なマインドは、自動モードの一つの典型です。

自動モードの働きが「正義は個人を超えるか」という問いにどう答えるのか、さらに筆者なりにまとめてみます。どのような具体的なモラル違反が、自動モードを発動させ、怒りや恐れの感情を引き起こすのかについては、それぞれの文化・歴史を通じて「部族」ごとに特有のかたちで調整されています。しかし、それぞれのモラルの維持にとって、進化的適応をベースとする自動的な感情の働きが大事であるという事情は、どの「部族」でも変わりません。場面ごとに自分にとってもっとも合理的な行動を「冷徹に計算する」行為は、長い目で見るとむしろボロを出す可能性があるという点もまったく同じです。

このように、個々の「部族モラル」(適切な振る舞い方)は、大半が脳の感情システムに組み込まれたかたちで、仲間(私たち)との日々の相互作用を通じ、強化・再生産されています。したがって正義は「同じ「部族」に属する限り、個人を超える」と言えるでしょう。進化ゲーム分析の結果も、この見方を支持しています。図5-5では、武士道プレイヤーが大多数を占める集団も、商人道プレイヤーが大多数を占める集団も、メンバー間で繰り返される相互作用を通じて、安定した「平和で協力的な社会状態」をそれぞれ自生的に維持できています。

「私たちvs.彼ら」と功利主義

それでは、もう一つの「正義は「国境」を超えるか」という問題はどうでしょうか?「私vs.私たち」(Me vs. Us)の間ではうまくいった、感情に導かれた「自然な問題解決」は、ここでは機能しません。どのようなモラル違反が自動的な感情を引き起こすのかが異なっている以上、人々の行動に「部族」の境界を超えた一致は生まれないからです。図5-5の進化ゲーム分析で見たように、二つの倫理が拮抗すると互いにいがみ合って社会の協力が崩れてしまうことになります。

グリーン自身は、この「私たちvs.彼ら」(Us vs. Them)をめぐる困難を少しでも克服するうえで、感情によらない、手動モード(manual mode)の働きに希望を見出しています。手動モードとは、直感的ではない、理性的計算による問題の解決法です。

本章の最初で功利主義の考え方を挙げました。功利主義では、複数の政策のどちらを選ぶかについて、それぞれの政策が社会全体にどれだけの効用をもたらすかを計算し、高い効用を与える政策を妥当なものとして選びます。グリーンは、この功利主義を、「部族」間でのモラル対立を超える「メタモラル」として位置づけます。メタモラルとは、個別のモラルを統合するための、一段上に位置する(メタな)モラルです。

功利主義の考え方は、先に述べた「自動モード」(なにも考えなくても自ずから働くモード)にはなじみません。自動モードが自然な感情の流れに乗っているのに対して、計算に立脚する功利主義は、冷たく、利益重視で、著しく「人間性」を欠いた頭でっかちのものと見られがちです。一般の人々はもちろん、心理学・社会学などの研究者も、しばしば功利主義を、自分だけのことを考えて他者のことを顧みず、もっとも利益の上がる行動が何かをいつも計算して振る舞う利己主義(egoism)と同じだと誤解します。グリーンは、まずそのような誤解を解こうとします。そのうえで、感情に基づく「自動モード」に依る限り「部族」対立を超えられない以上、むしろ一見すると「冷たい」功利主義の考え方こそ、頭を使った「手動モード」を通じて、誰もが「部族」の壁を超えて理解できる「共通の基盤」(メタモラル)になり得ると論じます。

功利主義が共通基盤になり得るとグリーンが考えるいちばんの理由は、功利主義には固有名詞がない点です。功利主義は、自分を含めて誰かを特別扱いすることなく、人々の平等を前提として「幸福」の総量を最大化しようとする考え方です。たとえば、「最大多数の最大幸福」という有名な言葉では、自分が「最大多数」に入ることを全く前提としていません。このような計算は、私、家族、恋人、仲間といった「固有名詞」による特別扱いをしないので、「無」人情です(「非」人情ではなく)。しかし、だからこそ、個別モラルA、個別モラルB……を各「部族」が徹底的に追求し、抜き差しならないモラル対立を生み出した場合に生じる社会的帰結(何人が死ぬか、どれだけの血が流れるか、どれくらいの損害が出るか)について、「経験と科学的知識に基づく計算結果」を与えてくれるとグリーンは考えます。そしてこのクールな計算プロセスはすべての人に等しく開かれており、それゆえに、「部族」の境界を超えて皆が使える「共通の通貨」になり得る、と言うのです。

グリーンは、この考え方があくまでも折衷(妥協)であることを認めています。同時に、モラルを異にする「部族」同士の対立が多くの惨状を生み出している今日、共通基盤(メタモラル)を、「どこにあるべきか」ではなく、実際に「どこにあるか(あり得るか)」の観点から求める深い実用主義(deep pragmatism)こそが必要であると論じています。

共通基盤を探り続ける努力

私自身は、哲学や倫理学の専門家では全くありませんが、功利主義の難しさに目を配ったうえでのグリーンの主張に共感します。経験的な観点からも、「自然な感情」や「人情」に依拠して正義やモラル問題にあたる限り、私たちは、進化的に心に組み込まれた「仲間という頑健な境界線」、つまり「個別モラルを作る自然な壁」をけっして越えることはできないでしょう。

本書全体を通じて論じたように、「いま・ここ・私たち」を重視する方向でヒトの心は進化してきました。一三五〇万という東京の人口、七〇億を超える世界の人口といった今日の

図 5-11　正義は「国境」を超えるか

状況は、進化史はもちろん、歴史的にも未曽有のものです。この未曽有の事態での「未来・あちら・彼ら」との関わり方を考えるうえで、「なにが(どのような仕組みが)共通の基盤になり得るか」を探ることは必須です。

先に論じたロールズ実験でのもっとも重要な知見も、私たちは、それぞれの主義・主張(個別モラル)を超えて、最不遇の状態に身を置いてしまう(最不遇の視点を認知的につい取ってしまう)という意味での「共通基盤の発見」でした。

繰り返しますが、功利主義がメタモラルとして実際にうまく働くためのハードルは、高いでしょう。功利主義の計算は「無」人情的で、「自然に反する」からです。メタモラルの構想は、功利主義だけでは完結せず、たとえば、ロールズ流の最不遇状態への共通関心などの認知的傾向との組み合わせ(折衷)が必要なのかもしれません。「深い実用主義」の具体的なあり方はまだ分かっていませんし、そのかたちも哲学的に整然としたものというよりは、妥協的なものになる可能性が高いように予測されます。

しかし、現実社会での深刻な価値葛藤を前に、殺し合いにも、覇権的な正義の横暴にも、相対主義というニヒリズムのいずれにも陥らないためには、メタモラルとしての功利主義の構想を含む「実用性を重視した深い泥沼」にあえて踏み込む覚悟が必要ではないでしょうか。「国境」を超える正義のための共通基盤がどこにあるのかを求めて、感情や人情だけに拠るのではない、メタモラル問題の未曽有の解き方とそのための具体的デザインを探ること――「～である」の研究者として、私たちもこのミッションに日々全力で挑戦する以外、ほかに道はないようです。

おわりに

二〇一七年の元旦、ちょうど一年半前の夏に札幌でスタートしたこのプロジェクトが、同じく札幌の地で終わろうとしている今、さまざまな思いが心をよぎります。

本書の執筆の動機となったのは、「はじめに」でも触れた、二〇一五年六月八日付の文部科学大臣通達でした。この「最後通告」に、文系の研究者の一人としてどう答え、どう自らの身を処すのか——。今日の世界では、企業・組織であれ、学問・研究であれ、領域の固有性や独立性を頑なに守ろうとすることには、もはやほとんど意味がないように思われます。もちろん、自分が育ってきた特定の文脈や領域の伝統・歴史を尊敬し、先達の知恵を受け継いでいくことは重要です。しかし、自分の所属する文学部を含む「文系」が、伝統の堅持に拘るあまり、「博物館に収蔵された過去の事績や希少種のコレクション」になってしまう危険性が否定できないという現実には、やはり強い懸念を抱かざるを得ませんでした。

そのような思いから、本書では、利他性や共感性、モラルなど「人の社会」を支える人間本性について、「ヒトの心」に関する自然科学の先端知識を、長い歴史のなかで脈々と積み重ねられてきた人文社会科学の知恵とつなぐことで理解しようとする試みを展開しました。そして、そうした方向性をもつ、いまだ世界のどこにも存在していない新しい統合的学問への志や夢、チャレンジを、「実験社会科学」として提案しました。

執筆を終えた時点で何よりも強く感じているのは、一年半前にはまったく想像もつかなかった世界に、私たちがこれから入ろうとしていることへの緊張感です。大方の予想をくつがえしてトランプ氏が選出された二〇一六年の米大統領選では、政敵や移民・外国についての攻撃的な発言が、リベラルやエリートへの反発を背景に人々の感情や信念に訴え、インターネットでの増幅を経て、客観的な事実を無視した「ポスト真実」として巨大なインパクトをもちました。本書でも繰り返し論じたように、私たちヒトの社会行動が、感情に動かされやすく、また空気に敏感で「世間」に反応することは、進化的な事実です。しかし、モラルをめぐる社会の「部族」的な分断が、(筆者もよく知っていると思い込んでいた)「あのアメリカ」で、これほど大きなスケールで噴出したことは、やはり大きな衝撃でした。

「今・ここ・私たち」に支配されがちな「ヒトの心」を所与として、いかに「未来・あちら・彼ら」を含む「人の社会」を設計するのか。人文社会科学に課せられた責任は重大です。筆者もまた実験社会科学の研究を通じて、このミッションに精励するしかありません。

本書では、何よりも「事実」、つまり重要な科学的知見に基づいて論を進めるように留意しました。しかし、それらの知見の人文社会科学にとっての意味づけ・解釈にあたっては、筆者の試論や私論も数多く含まれています。読者の皆さんには、ここでの議論を鵜呑みにすることなく、批判的に吟味していただけるなら、非常に幸いです(そうした批判的精神こそが、実験社会科学のいちばんの基礎であると考えます)。そのうえで、もし人文社会系の学問が、私たちの生きている現代社会の要請に対して実際に「役に立つ」こと、個々の問題に対してマニュアル的な「答え」を与えるのではなく、より原理的なレベルでの「解」に寄与する可能性をもっていることに共感いただけるようなら(そして、万一、その可能性を追究する実験社会科学の戦線に加わっていただけるなら!)、筆者にとってこれに優る喜びはありません。

本書の構想は、多くの方々からの学恩に基づいています。筆者が一九九四年四月から二〇一四年九月までの二〇年間を過ごし、研究者としての揺籃の地となった北海道大学における偉大な先達・畏友（戸田正直教授、山岸俊男教授、長谷川晃教授などの先生方）、さまざまなご指導を賜り、また学際的な共同研究をさせていただいている東京大学・京都大学・大阪大学・玉川大学・麻布大学などの先生方（本書のなかで何人かのお名前を挙げさせていただきました）には、言葉に尽くせない学恩を感じています。さらに以下の方々からは、原稿についてとても有益なコメントを頂戴しました：長谷川晃、小川昭利、金恵璘、齋藤美松、上島淳史、黒田起吏、亀田友理佳（敬称略）。本書の不備な点はすべて筆者の責任ですが、さまざまな議論に長時間お付き合いいただきました。厚く御礼を申し上げます。

編集の労を取っていただいた岩波新書編集部の朝倉玲子さんには、章の構成・展開や、読者の視点からの疑問など、本書の読みやすさを改善する上で極めて有益なアドバイスを数多くいただきました。また、企画段階でお世話になった千葉克彦さんにも御礼を申し上げます。

最後に私ごとになりますが、筆者の家族にも一言、有難うの言葉を伝えたいと思います。

二〇一七年元旦

亀田達也

of inferring emotional states: Evidence for moderation of "automatic" mimicry by higher cognitive processes. *PLOS ONE*, 11, e0153128.

Nagasawa, M., Mitsui, S., En, S., Ohtani, N., Ohta, M., Sakuma, Y., Onaka, T., Mogi, K., & Kikusui, T.(2015). Oxytocin-gaze positive loop and the coevolution of human-dog bonds. *Science*, 348, 333-336.

Salganik, M. J., Dodds, P. S., & Watts, D. J.(2006). Experimental study of inequality and unpredictability in an artificial cultural market. *Science*, 311, 854-856.

Singer, T., Seymour, B., O'Doherty, J., Kaube, H., Dolan, R. J., & Frith, C. D.(2004). Empathy for pain involves the affective but not sensory components of pain. *Science*, 303, 1157-1162.

主要引用文献

Bateson, M., Nettle, D., & Roberts, G.(2006). Cues of being watched enhance cooperation in a real-world setting. *Biol Lett*, 2, 412–414.

Carter, G. G., & Wilkinson, G. S.(2013). Food sharing in vampire bats: Reciprocal help predicts donations more than relatedness or harassment. *Proc R Soc B*, 280, 20122573.

Dunbar, R. I. M.(1992). Neocortex size as a constraint on group size in primates. *J Hum Evol*, 22, 469–493.

Fehr, E., & Gächter, S.(2002). Altruistic punishment in humans. *Nature*, 415, 137–140.

Fehr, E., & Schmidt, K. M.(1999). A theory of fairness, competition, and cooperation. *Q J Econ*, 114, 817–868.

Henrich, J. et al.(2005). "Economic man" in cross-cultural perspective: Behavioral experiments in 15 small-scale societies. *Behav Brain Sci*, 28, 795–855.

Kameda, T., Inukai, K., Higuchi, S., Ogawa, A., Kim, H., Matsuda, T., & Sakagami, M.(2016). Rawlsian maximin rule operates as a common cognitive anchor in distributive justice and risky decisions. *Proc Natl Acad Sci USA*, 113, 11817–11822.

Kameda, T., Murata, A., Sasaki, C., Higuchi, S., & Inukai, K.(2012). Empathizing with a dissimilar other: The role of self-other distinction in sympathetic responding. *Pers Soc Psych Bull*, 38, 997–1003.

Matsuo, T., Jusup, M., & Iwasa, Y.(2014). The conflict of social norms may cause the collapse of cooperation: Indirect reciprocity with opposing attitudes towards in-group favoritism. *J Theor Biol*, 346, 34–46.

Murata, A., Saito, H., Schug, J., Ogawa, K., & Kameda, T.(2016). Spontaneous facial mimicry is enhanced by the goal

亀田達也

1960年生まれ．東京大学大学院社会学研究科修士課程，イリノイ大学大学院心理学研究科博士課程修了．Ph. D.(心理学)．現在，東京大学大学院人文社会系研究科教授．著書に『合議の知を求めて――グループの意思決定』(共立出版)，共編著に『複雑さに挑む社会心理学――適応エージェントとしての人間』(有斐閣)，『進化ゲームとその展開』(共立出版)，Evolution, culture, and the human mind. New York: Psychology Press，『文化と実践――心の本質的社会性を問う』(新曜社)，『社会のなかの共存』(岩波講座 コミュニケーションの認知科学 第4巻，岩波書店)，『「社会の決まり」はどのように決まるか』(フロンティア実験社会科学 第6巻，勁草書房)など．

モラルの起源
――実験社会科学からの問い　　岩波新書(新赤版)1654

2017年3月22日　第1刷発行
2023年6月15日　第5刷発行

著　者　亀田達也《かめだたつや》

発行者　坂本政謙

発行所　株式会社 岩波書店
〒101-8002 東京都千代田区一ツ橋2-5-5
案内 03-5210-4000　営業部 03-5210-4111
https://www.iwanami.co.jp/

新書編集部 03-5210-4054
https://www.iwanami.co.jp/sin/

印刷・三陽社　カバー・半七印刷　製本・中永製本

ISBN 978-4-00-431654-1　　Printed in Japan

岩波新書新赤版一〇〇〇点に際して

ひとつの時代が終わったと言われて久しい。だが、その先にいかなる時代を展望するのか、私たちはその輪郭すら描きえていない。二〇世紀から持ち越した課題の多くは、未だ解決の緒を見つけることのできないままであり、二一世紀が新たに招きよせた問題も少なくない。グローバル資本主義の浸透、憎悪の連鎖、暴力の応酬――世界は混沌として深い不安の只中にある。

現代社会においては変化が常態となり、速さと新しさに絶対的な価値が与えられた。消費社会の深化と情報技術の革命は、種々の境界を無くし、人々の生活やコミュニケーションの様式を根底から変容させてきた。ライフスタイルは多様化し、一面では個人の生き方をそれぞれが選びとる時代が始まっている。同時に、新たな格差が生まれ、様々な次元での亀裂や分断が深まっている。社会や歴史に対する意識が揺らぎ、普遍的な理念に対する根本的な懐疑や、現実を変えることへの無力感がひそかに根を張りつつある。そして生きることに誰もが困難を覚える時代が到来している。

しかし、日常生活のそれぞれの場で、自由と民主主義を獲得し実践することを通じて、私たち自身がそうした閉塞を乗り超え、希望の時代の幕開けを告げてゆくことは不可能ではあるまい。そのために、いま求められていること――それは、個と個の間で開かれた対話を積み重ねながら、人間らしく生きることの条件について一人ひとりが粘り強く思考することではないか。その営みの糧となるものが、教養に外ならないと私たちは考える。歴史とは何か、よく生きるとはいかなることか、世界そして人間はどこへ向かうべきなのか――こうした根源的な問いとの格闘が、文化と知の厚みを作り出し、個人と社会を支える基盤としての教養となった。まさにそのような教養への道案内こそ、岩波新書が創刊以来、追求してきたことである。

岩波新書は、日中戦争下の一九三八年一一月に赤版として創刊された。創刊の辞は、道義の精神に則らない日本の行動を憂慮し、批判的精神と良心的行動の欠如を戒めつつ、現代人の現代的教養を刊行の目的とする、と謳っている。以後、青版、黄版、新赤版と装いを改めながら、合計二五〇〇点余りを世に問うてきた。そして、いままた新赤版が一〇〇〇点を迎えたのを機に、人間の理性と良心への信頼を再確認し、それに裏打ちされた文化を培っていく決意を込めて、新しい装丁のもとに再出発したいと思う。一冊一冊から吹き出す新風が一人でも多くの読者の許に届くこと、そして希望ある時代への想像力を豊かにかき立てることを切に願う。

（二〇〇六年四月）